Praxishandbuch Bibel für Studium, Schule und Gemeinde
Herausgegeben von Michael Landgraf und Paul Metzger

Michael Landgraf

Bibel kreativ erkunden

Lernwege für die Praxis

Calwer Verlag • RPE Religion – Pädagogik – Ethik

Verlag und Autor danken für die freundlich erteilten Abdruckgenehmigungen. Leider war es nicht möglich, alle Inhaber/innen von Urheberrechten zu ermitteln. Betroffene Personen sind gebeten, sich mit dem Verlag in Verbindung zu setzen.

Die Deutsche Bibliothek – CIP-Einheitsaufnahme

Die Deutsche Bibliothek verzeichnet diese Publikation in der Deutschen Nationalbibliografie; detaillierte bibliografische Daten sind im Internet über *https://www.dnb.de* abrufbar.

ISBN 978–3–7668–4140–7

3. aktualisierte Auflage 2025

Satz und Herstellung: Karin Class, Calwer Verlag
Umschlaggestaltung: Rainer E. Rühl, Alsheim
Druck und Verarbeitung: OSDW Azymut

E-mail: info@calwer.com
Internet: www.calwer.com

Inhalt

Einführung

Die Reihe »Praxishandbuch Bibel« umfasst drei Bände. Sie bietet praxisorientierte Hilfen für die Arbeit mit der Bibel in Schule und Gemeinde, für das Studium und Zuhause. Der Band »Bibel kreativ erkunden – Lernwege für die Praxis« geht primär auf die Frage ein: *Welche Wege gibt es, sich mit der Bibel spannend, differenziert und nachhaltig auseinanderzusetzen?* So geht es hier um das **WIE** der Vermittlung. Dazu wird ein Strauß unterschiedlicher Lernwege entfaltet.

Die Frage nach einer möglichst großen Vielfalt von Lernwegen für eine differenzierte und nachhaltige Vermittlung von Bibelwissen beschäftigt die Religionspädagogik schon lange. Im Vorwort zum »Passional«, einer frühen Bibelausgabe für Lernende, schrieb Martin Luther 1529: »*Fürwahr kann man dem gemeinen Mann die Worte und Werke Gottes nicht zu viel oder zu oft vorhalten, wenn man gleich davon singet und saget, klinget und predigt, schreibt und liest, malet und zeichnet.*« Der Reformator sah bereits die Notwendigkeit einer Methodenvielfalt in der Vermittlung biblischer Texte – besonders für »einfache« Menschen und für Kinder. Vor rund 200 Jahren formulierte der Pädagoge und Theologe Johann Heinrich Pestalozzi (1746–1827) den Grundsatz »*Lernen mit Kopf, Herz und Hand*«. Darauf basiert heute der Ansatz eines handlungsorientierten und ganzheitlichen Lernens. Schließlich soll an Maria Montessori (1870–1952) erinnert werden. Sie prägte das Wort »*Hilf mir, es selbst zu tun*« – das Grundprinzip dessen, was wir heute unter selbst entdeckendem oder eigenverantwortlichem Lernen verstehen.

Vielgestaltiges, handlungsorientiertes, ganzheitliches, eigenverantwortliches und nachhaltiges Lernen mit der Bibel steht im Mittelpunkt dieses Bandes. Dies setzt die Kenntnis von Methoden voraus – sowohl bei Lehrenden als auch bei Lernenden. So geht es in diesem Band weniger um Fachkompetenz, also um die Kenntnis biblischer Geschichten und deren Auslegung. Vielmehr geht es um die Grundlegung und Entwicklung von **Methodenkompetenz**. Methode – in diesem Begriff stecken die griechischen Worte »meta« (nach) und »hodos« (der Weg). Also ist damit der »Weg des Lernens« gemeint, den es zu beschreiten gilt. Lehrende wie Lernende sollen daher

- eine Vielfalt von Methoden kennen
- sie sachgemäß einsetzen können
- in der Lage sein, kritisch zu überprüfen, ob ihr Einsatz sachgemäß ist.

Die Geschichte der Methodik zeigt einen stetigen Wandel. Bis vor wenigen Jahren waren im Blick auf die Bibel primär buchorientierte Lesetechniken gefragt. Heute ist unser Leben zunehmend durch audiovisuelle und digitale Medien geprägt, was zur Verlagerung von Fertigkeiten führt. Während die Lesefähigkeit vieler Kinder und Jugendlicher stetig abnimmt (siehe das Zitat von

Christian Grethlein, S. 16), steigen ihre technischen Fähigkeiten im Umgang mit den neuen Medien. Damit ist auch eine veränderte Wahrnehmungsfähigkeit verbunden. Die Gestaltung des Lernens muss abwechslungsreich und eigenaktiv sein, will man etwas nachhaltig vermitteln.

Die Eigenaktivität spielt im Forschungszweig »Kinder- und Jugendtheologie« eine größere Rolle. In ihm geht man davon aus, dass Kinder bereits früh selbst in der Lage sind, biblische Geschichten zu erschließen und zu deuten. Vielfältige Versuche des »Theologisierens mit Kindern« sind hierzu dokumentiert[1]. Meist stand den Lernenden ein methodisches Repertoire zur Verfügung, mit dessen Hilfe sie ihre Position entwickeln und darstellen konnten. Ein weiteres Beispiel eigenaktiver Arbeit mit der Bibel sind kreative Bibelprojekte, bei denen Kinder ihre eigene Kinderbibel selbst erstellt haben (siehe S. 51–53).[2] Auch hier ist ein umfangreiches Methodenrepertoire unerlässlich.

Allerdings steckt in einem Entwurf, der schwerpunktmäßig Methoden im Blick hat, immer auch eine Gefahr. So wie Methoden lediglich Wege zur Erschließung von Inhalten sind, ist auch methodische Kompetenz nie Selbstzweck. Sie muss vielmehr auf den Bibeltext und die Lernsituation bezogen sein. Die Frage nach dem **WIE** ist also nicht losgekoppelt von Fragen nach dem **WER** (Ebene der Lehrenden und Lernenden), dem **WARUM** (Begründung, warum und wozu man einen Text vermittelt) und dem **WAS** (biblische Inhalte und Kompetenzen). Diese Grundfragen des Bibellernens wird im Band »Bibel unterrichten« aus der Reihe »Praxishandbuch Bibel« im Zentrum stehen.

Lernfelder der Reihe »Praxishandbuch Bibel«

Wer Ebene der Lehrenden und Lernenden in der Gesellschaft und ihre Beziehung zur Bibel	**Warum** Begründung der Beschäftigung mit der Bibel
Was Ebene der biblischen Inhalte und Kompetenzen, die mit der Bibel erreicht werden sollen	**Wie** Ebene der Lernwege, der Methoden

1 Beispiele hierzu besonders im »Jahrbuch für Kindertheologie« (Calwer Verlag, besonders die Bände zum Alten und Neuen Testament 2004 und 2005) sowie bei Gerhard Büttner/Hartmut Rupp: Theologisieren mit Kindern, Stuttgart 2002 und bei Petra Freudenberger-Lötz: Theologische Gespräche mit Jugendlichen, München/Stuttgart 2012.

2 Vgl. hierzu Michael Landgraf: Kinderbibel damals – heute – morgen. Zeitreise, Orientierungshilfe und Kreativideen, Neustadt/Weinstraße 2009, insbesondere 71–92.

Zugänge zur Bibel

Einführung

»Zugänge« – damit sind Wege gemeint, die zu einer Begegnung mit der Bibel führen. Ohne eine Klärung der Zugänge gibt es kaum ein effektives Lernen mit der Bibel. Der Grund liegt in Voreinstellungen, die den Zugang zu biblischen Texte erschweren. Je älter Lernende werden, desto größer können Vorbehalte gegen die Auseinandersetzung mit der Bibel sein. Selbst Lehrende sind meist »vorbelastet«, haben Präferenzen – beispielsweise Lieblingsgeschichten – oder sie haben Probleme mit der Sprach- und Begriffswelt der Bibel sowie mit den Inhalten einer Geschichte (ausführlich im Band »Bibel unterrichten«).

Die Klärung der »Zugänge« soll Voreinstellungen offen legen und zur Beschäftigung mit der Bibel motivieren. Dazu gehören die Fragen, wo die Bibel in der eigenen Lebenswelt vorkommt und warum eine Auseinandersetzung mit Texten der Bibel sinnvoll sein kann.

Lernwege, um Zugänge zur Bibel zu ermöglichen

Zugang über Assoziationen

Kurzbeschreibung: Viele Menschen haben bereits Erfahrungen mit der Bibel gemacht. Über offene Impulse, Metaphern, Symbole oder Bilder können diese offengelegt und miteinander besprochen werden.

Eignung und Hinweise: Diese Methode ist primär für Gruppen geeignet, die bereits Erfahrungen mit der Bibel haben – also vornehmlich für ältere Kinder, Jugendliche und Erwachsene.

Praxisbeispiele für offene Impulsfragen

Die Bibel ist für mich **wie ...**	**Bibellesen** ist für mich **wie ...**

Mögliche Ergebnisse sind

- »Die Bibel ist wie ein Blumenstrauß voller Geschichten.«
- »Die Bibel ist wie ein Dschungel, worin man sich zurechtfinden muss.«
- »Bibellesen ist wie eine Bergtour: schöner Ausblick, aber anstrengend.«
- »Bibellesen ist wie eine Zeitreise in eine fremde Welt.«

Die Assoziationen können auf Kärtchen geschrieben und präsentiert werden. Als weiterführender Impuls kann gefragt werden: Welches Bild / welche Metapher von denen, die genannt wurden, gefällt dir besonders?

Alternativer Lernweg: Arbeiten mit Symbolen
Es können Gegenstände wie eine Blume, ein Geldstück, ein Apfel, ein Schuh oder ein Werkzeug in die Mitte gelegt werden.

Jemand nimmt einen der Gegenstände (z.B. eine Blume) und sagt: »Die Bibel ist für mich (nicht) wie eine (Blume …), weil …«

Zugang über Aussagen und Meinungen zur Bibel

Kurzbeschreibung: Aussagen zur Bibel können entweder Worte bedeutender Persönlichkeiten oder »Meinungen« zur Bibel sein. Dabei wird ein Zitat als Impuls gegeben. Dann wird darüber gesprochen, was die Position bedeuten könnte und welche Stellung derjenige, der sie vertritt, zur Bibel bezieht.

Eignung und Hinweise: Kinder ab 10 Jahren, Jugendliche und Erwachsene können nach Zitaten recherchieren. Online gibt es viele Zitate zur Bibel, zu finden in Zitatensammlungen wie beispielsweise auf folgenden Websites:

- www.zitate.de
- www.zitate-online.de.
- www.zitate.eu
- www.aphorismen.de
- http://de.wikiquote.org
- http://zitate.net

Praxisbeispiel: Zitate

- Hanns Dieter Hüsch: »Die Bibel ist für mich wie ein täglich Brot. Mit der Bibel an meiner Seite, das heißt mit Gott in meiner Nähe, bin ich getröstet und gestärkt. Die Bibel ist mehr als ein Buch.«
- Gudrun Zydek: »Die Bibel, das Wort Gottes, kann nie alt werden oder aus der Mode kommen, denn das Leben selbst ist alterslos, ist zeitlos, ist ewig – so ewig wie Gott, von dem es kommt!«
- Sören Kierkegaard: »Die Bibel ist nicht dazu da, dass wir sie kritisieren, sondern dazu, dass sie uns kritisiert.«
- Marc Twain: »Die meisten Menschen haben Schwierigkeiten mit den Bibelstellen, die sie nicht verstehen. Ich für meinen Teil muss zugeben, dass mich gerade diejenigen Bibelstellen beunruhigen, die ich verstehe.«

Impulse zu den Zitaten:
☞ Gib das Zitat mit anderen Worten wieder.
☞ Welche Einstellung zur Bibel wird in dem Zitat deutlich?

Praxisbeispiel: Meinungs- und Stimmungsbild zur Bibel (I)

Meinungen zur Bibel können gesammelt oder die unten stehende Sammlung zur Orientierung verwendet werden. Hier sollte Aufgabe sein zu klären:

☞ Warum steht die letzte Aussage sowohl bei »negativen« als auch bei »positiven« Einstellungen?

☞ Zeige auf, was hinter den Einstellungen stecken könnte.

☞ Beurteile selbst die Aussagen? (+ / + - / -)

☞ Was würdest du den Aussagen entgegnen?

Negative Einstellungen	Mein Kommentar
• Wer liest denn schon die Bibel? • Die Geschichte kennt doch keiner. • Die Bibel steht bei uns viel zu sehr im Mittelpunkt. • Bücher les ich eh nicht. • Das Buch ist ja viel zu dick. • Die Bibel ist doch viel zu heilig. • Ich verstehe da einfach nichts. • Das stimmt doch sowieso nicht. • Mit der Kirche hab ich es nicht so. • Was in der Bibel steht ist überholt. • Die Bibel ist nichts für Kinder. • Die Bibel ist etwas für alte und kranke Leute.	
Positive Einstellungen	
• Die Bibel ist ein Lebensbuch. • Die Bibel macht Mut. • Die Bibel ist das wichtigste Buch der Weltliteratur. • Die Bibel spendet Trost. • Ohne die Bibel kann man unsere Kultur nicht verstehen. • Die Bibel lässt mich neu über die Welt nachdenken. • Die Bibel gibt mir Regeln für das Leben. • Die Bibel ist mir heilig. • Die Bibel provoziert mich. • Die Bibel ist etwas für alte und kranke Leute.	

Praxisbeispiel: Meinungs- und Stimmungsbild (II)
Kurzbeschreibung: Ein Meinungs- und Stimmungsbild kann direkt mit einer Lerngruppe durch eine Umfrage ermittelt werden.

Eignung und Hinweise: Der Lernweg ist für Kinder (ab Klasse 5), Jugendliche und Erwachsene geeignet. Man kann die Fragebögen an sich selbst oder im eigenen Umfeld testen. Lernende können auch selbst bei der Formulierung eines solchen Fragebogens beteiligt werden.

Praxisbeispiel: Fragebogen zur Bibel

Die Bibel wird von Menschen unterschiedlich gesehen. Beurteile folgende Aussage:
- ☐ Sie ist wichtig für den Glauben.
- ☐ Sie ist ein Märchenbuch.
- ☐ Sie ist eine Sammlung von Gottes Worten.
- ☐ In ihr sind wichtige Erfahrungen gesammelt.
- ☐ Sie ist ein Buch wie jedes andere.
- ☐ ____________________

In welchen Situationen kann man die Bibel lesen?
- ☐ nie
- ☐ wenn man traurig ist
- ☐ wenn man glücklich ist
- ☐ wenn man krank ist
- ☐ in jeder Lebenssituation
- ☐ vor jedem wichtigen Ereignis
- ☐ ____________________

Gibt es eine Geschichte oder einen Text der Bibel, den du magst?
- ☐ Nein, weil ...
- ☐ Ja, nämlich:

____

Für wen ist deiner Ansicht nach die Bibel besonders wichtig?
- ☐ für jeden Menschen
- ☐ für niemanden nur für Christen
- ☐ für einsame Menschen
- ☐ für kranke Menschen
- ☐ für junge Menschen
- ☐ für alte Menschen
- ☐ für fröhliche Menschen
- ☐ ____________________

Wenn jemand in der Bibel liest, dann ist das für dich ...
- ☐ ganz normal
- ☐ eher komisch
- ☐ das muss jeder für sich entscheiden
- ☐ ich will mich nicht festlegen
- ☐ ____________________

Ist die Bibel für dich wichtig?
- ☐ Ja, weil ...
- ☐ Nein, weil ...
- ☐ Kann ich nicht genau sagen
- ☐ ____________________

Zugang über Spurensuche

Kurzbeschreibung: Spuren der Bibel, beispielsweise in Namen, Bildern oder Redewendungen, sollen in der Lebenswelt erkundet werden.

Eignung und Hinweise: Ab dem Grundschulalter kann eine Spurensuche erfolgen (z.B. den eigenen Namen erkunden, Spurensuche im Ort). Da eine Spurensuche im Ort aufwendig ist, kann dies im Rahmen einer Hausaufgabe oder eines Projekts geschehen.

Praxisbeispiele

- **Mein Name:** *Habe ich einen biblischen Namen?*
  Viele Kinder heißen Jonas, Daniel, Rebekka oder Marie. Hinter diesen Namen stecken biblische Geschichten, die es zu entdecken gilt.
- **Zeiten:** *Welchen Einfluss hat die Bibel auf unsere Zeiteinteilung bzw. auf unsere Feste?* Die Sieben-Tage-Woche, der Ruhetag (Sonntag/Sabbat), Feste wie Weihnachten, Ostern, Pfingsten und Erntedank haben ihren Ursprung in der Bibel.
- **Spuren der Bibel im Ort:** *Gibt es in der Umgebung (im Haus oder im Ort) Hinweise auf die Bibel?*
  Man kann das Umfeld erkunden, indem man Zuhause nach Bibelausgaben (Vollbibeln, Kinderbibeln), Büchern, Filmen, Bildern zur Bibel bis hin zu biblischen Sprüchen auf Erinnerungsstücken sucht. Im Ort können Spuren der Bibel an öffentlichen Plätzen, Häusern, Kirchen gesucht und diese dokumentiert werden (siehe auch »Bibel vor Ort begegnen«, S. 106).

Beispiel: Paradiesschlange, Neustadt/Weinstraße

- **Bibel in meiner Sprache:** *Welche Redewendungen der deutschen Sprache stammen aus der Bibel?* Die Bibelübersetzung Martin Luthers prägte die deutsche Hochsprache wie kaum ein anderes Buch. Viele Redewendungen aus der Lutherbibel gehören zum allgemeinen Wortschatz. Beispiel hierfür sind: »Denkzettel«, »ein Licht aufgehen«, »im Dunkeln tappen«, »Perlen vor die Säue werfen« … (vgl. hierzu das Arbeitsblatt in: ReliBausteine Bibel, S. 27).
- **Spurensuche in der Popkultur:** *Wo arbeiten Popsongs, Filme oder Werbung mit biblischen Motiven?* Für die Medienkultur ist die Bibel ein Steinbruch für Motive, die in Popsongs, Werbung und Filmen verarbeitet werden (siehe auch »Bibel musizieren«, S. 61; »Bibel digital«, S. 99 und »Bibel im Film«, S. 102).
- **Die Bibel bei Menschen, die ich kenne:** *Was denken die Personen in meinem Umfeld über die Bibel?*
  Interviews mit Bekannten und Verwandten können klären, welche Rolle die

Bibel bei Menschen im eigenen Umfeld spielt und welche Lieblingstexte es gibt (siehe hierzu das Arbeitsblatt, S. 12).

- **Bibel im Web:** *Wo begegnet mir die Bibel im Internet?*
  Es gibt unzählige Websites zur Bibel, die es zu entdecken gilt (siehe die Hinweise im Kapitel »Bibel digital«, S. 99).

Biographischer Zugang

Kurzbeschreibung: Spuren der Bibel können in der Biographie eines Menschen vorhanden sein, denen nachgegangen werden kann.

Eignung und Hinweise: Für Kinder, Jugendliche und Erwachsene, die bereits Erfahrung mit biblischen Geschichten haben.

Praxisbeispiel: *Biographische Fragen zu Bibelgeschichten*
- Wie und wo sind mir biblische Geschichten begegnet? (beispielsweise in der Schule, im Gottesdienst, in Filmen ...).
- Meine Lieblingsgeschichte(n): Drei Texte sollen genannt werden. Das Ergebnis der Gruppe wird zusammengetragen und die »Top Ten« ermittelt.
- Welche biblische Geschichte
  ... machte mich nachdenklich?
  ... hat mich ermutigt?
  ... hat sich auf mein Verhalten ausgewirkt?
- Wie gut kenne ich Bibelgeschichten?
  Jeder erzählt eine Geschichte und überprüft sie mithilfe der Bibel. Beispiel: Weihnachtsgeschichte nach Matthäus / Lukas (siehe S. 19–20).

Zugang über Bibelbilder

Kurzbeschreibung: Die reiche und lange Tradition der Bibelbilder kann als Impuls dienen, um über die Bibel oder einen Bibeltext ins Gespräch zu kommen (siehe Kapitel »Bibel ins Bild gesetzt«, S. 48).

Eignung und Hinweise: Bei altersgemäßen Bildern kann diese Methode früh eingesetzt werden. Für Jugendliche und Erwachsene ist die Arbeit mit hermeneutischen Bildern zu empfehlen (siehe S. 48). Dabei kann auch die Tiefendimension einer Geschichte erschlossen werden.

Praxisbeispiel: *Bilder zur Schöpfung als Zugang*
- Was entdeckst du auf dem Bild / den Bildern?
- Erzähle die biblische Geschichte, die dargestellt wird nach.
- Worin unterscheiden sich die Bilder?
- Wie wird Gott dargestellt?

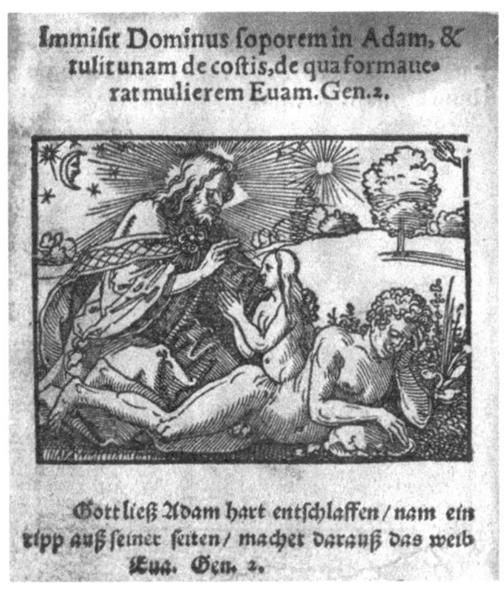

Darstellungen der Schöpfungsgeschichte aus 500 Jahren. Linke Spalte: Bilderbibel der Reformationszeit (Frankfurt 1533); Hübners Zwei mal Zweiundfünfzig Biblische Historien (1731); Julius Schnorr von Carolsfeld (1860). Rechte Spalte: Paula Jordan (1930er Jahre); Walter Habdank (1960); Manga-Bibel (2007)

Bibel lesen

Einführung: »Sollen alle die Bibel lesen können?«

Viele Kinder und Jugendliche haben Probleme mit dem Lesen. Im Bereich Förder- und Hauptschule muss bedacht werden, »*ob die Zielsetzung, Schüler zu einer eigenständigen Lektüre der Bibel zu befähigen, realistisch und für das Hauptziel, mit den Schülern das Evangelium zu kommunizieren, notwendig ist*« (Christian Grethlein, Fachdidaktik, S. 299). Doch ist das Lesen der Bibel als Buch kaum zu ersetzen. »Biblos«, das griechische Ursprungswort für Bibel, heißt schließlich »Buch«. Es stellt sich vielmehr die Frage: *Hat die Person die richtige Bibel in der Hand?* Jedes Lesealter bzw. jede Phase des Bibellernens braucht eine eigene Bibelausgabe. So gibt es eine Unmenge von Bibeln auf dem Markt, die unterschiedliche Zielgruppen ansprechen: Vorlesebibeln für Vorschulkinder, Erstlesebibeln, Bibeln, die ein fortgeschrittenes Lesealter voraussetzen, und Ausgaben, die Jugendlichen Erklärungen bieten, damit sie selbst die Bibel erschließen können (siehe den Überblick über aktuelle Bibelausgaben und Kinderbibeln im Anhang, S. 109–114).

Um das Lesen einer geeigneten Bibelausgabe zu erleichtern, bieten sich folgende **Lernwege für das Bibellesen und Bibelerschließen** an.

Wege des Lesens und Vorlesens

Vorlesemethoden

Kurzbeschreibung: Es gibt unterschiedliche Vorlesemethoden, die in einer Lerngruppe abwechselnd eingesetzt werden können:

- Aus der jüdischen Tradition stammt die Methode des sich **gegenseitig Vorlesens**. Dies ermöglicht eine »persönliche« Begegnung mit dem Text.
- Bei der **Vers für Vers-Methode** wird der Text versweise durch unterschiedliche Leser/innen vorgelesen.
- Der Text kann in **verteilten Rollen** vorgetragen werden. Erzähl- und Dialogpassagen werden von verschiedenen Personen gelesen.

Eignung und Hinweise: Bereits früh sollte man Kinder motivieren, biblische Texte in Erstlesebibeln selbst zu lesen. In das Lesen der Vollbibeln sollte spätestens ab der Klassenstufe 5 eingeführt werden. Hierzu gehört, neben der Vermittlung der Fähigkeit, sich anhand von Kapiteln und Verszählungen orientieren zu können, auch das Grundwissen darüber, welche Hilfsmittel man in einer Vollbibel-Ausgabe finden kann. Zur Unterstützung des persönlichen Lesens kann auch eine **Hörbibel** beitragen. Das Hören des Textes schärft die Wahrnehmung. Hörbibelausgaben gibt es sowohl von Kinderbibeln als auch von Vollbibeln.

Praxisbeispiel: Lesen einer Bibelgeschichte mit verteilten Rollen
Ein Bibeltext wird in unterschiedliche Sprechrollen unterteilt. So können neben den Einzelpersonen mehrere Erzähler/innen auftreten sowie mehrere Stimmen bei einer Menge zu hören sein.

Erzähler/in 1: Und er ging nach Jericho hinein und zog hindurch. Und siehe, da war ein Mann mit Namen Zachäus, der war ein Oberer der Zöllner und war reich. Und er begehrte, Jesus zu sehen, wer er wäre, und konnte es nicht wegen der Menge; denn er war klein von Gestalt. Und er lief voraus und stieg auf einen Maulbeerfeigenbaum, um ihn zu sehen; denn dort sollte er durchkommen.
Erzähler/in 2: Und als Jesus an die Stelle kam, sah er auf und sprach zu ihm:
Jesus: Zachäus, steig eilend herunter; denn ich muss heute in deinem Haus einkehren.
Erzähler/in 2: Und er stieg eilend herunter und nahm ihn auf mit Freuden.
Erzähler/in 3: Da sie das sahen, murrten sie alle und sprachen: Etwa fünf Leute rufen entsetzt: Bei einem Sünder ist er eingekehrt!
Erzähler/in 3: Zachäus aber trat herzu und sprach zu dem Herrn:
Zachäus: Siehe, Herr, die Hälfte von meinem Besitz gebe ich den Armen, und wenn ich jemanden betrogen habe, so gebe ich es vierfach zurück.
Erzähler/in 3: Jesus aber sprach zu ihm:
Jesus: Heute ist diesem Hause Heil widerfahren, denn auch er ist ein Sohn Abrahams. Denn der Menschensohn ist gekommen, zu suchen und selig zu machen, was verloren ist.
Text: Lk 19,1–10 nach Luther 2017; Grundlage kann auch der Text einer Kinderbibel sein.

Besonderes im Text hervorheben

Kurzbeschreibung: Unterschiedliche Wege der Umsetzung sind:

- **Markieren und Unterstreichen** mit Textmarkern oder Farbstiften. Mit unterschiedlichen Farben können wichtige Begriffe, Kernbotschaften oder beteiligte Personen hervorgehoben werden.
- **Textinseln:** Kerngedanken eines Textes können mit einem Stift umrahmt werden. Von »Insel« zu »Insel« können Verbindungslinien (»Brücken«) gezogen werden. Auch sind unterschiedliche Rahmen möglich (z.B. Begriffe, die es zu klären gilt: eckige Rahmen).
- **Text löschen:** Nachdem zunächst Kerngedanken und Begriffe unterstrichen oder hervorgehoben wurden, kann alles andere mit einem schwarzen Stift »gelöscht« werden.

Eignung und Hinweise: Diese Methode ist mit Kopien einer Kinderbibel oder verständnisorientierten Vollbibeltexten (S. 110) bereits ab der Grundschule geeignet. Die markierten Stellen können in einer Gruppe verglichen werden.

Kurvenlesen

Kurzinformation: Man kann die Strukturen eines Textes, den Spannungsbogen, gut über eine Kurve sichtbar machen. Mithilfe von Farben werden Gefühle und Stimmungen zu Inhalten der Geschichte ausgedrückt. Zuvor sollten Symbolfarben festgelegt werden, um in einer Gruppe ein vergleichbares Ergebnis zu bekommen.

Eignung und Hinweise: Diese Methode eignet sich ab Klassenstufe 4 und setzt ein gewisses Maß an Abstraktionsfähigkeit voraus.

Praxisbeispiel: Josef
Gerade die Geschichte Josefs eignet sich durch das Auf und Ab seines Schicksals gut, um den Spannungsbogen darzustellen.

Textschnipsel

Kurzinformation: Der Text wird in Versen oder Sinnabschnitten unterteilt. Die Teile werden ausgeschnitten, gemischt und wieder in die richtige Reihenfolge gebracht. Durch diese Methode können Sinnabschnitte besser erfasst und gelernt werden.

Eignung und Hinweise: Mit Texten einer Erstleserbibel oder mit elementaren Bibeltexten (Vaterunser; Psalm 23) kann diese Methode bereits früh angewandt werden. Komplexere Texte wie beispielsweise die beiden Weihnachtsgeschichten nach Matthäus und Lukas können ab der Klassenstufe 4 auf diese Weise erfasst bzw. unterschieden werden.

Praxisbeispiel: *Vaterunser (Mt 6,9b–13)*

Unser tägliches Brot gib uns heute.
Und führe uns nicht in Versuchung,
Unser Vater im Himmel!
dein Reich komme.
und die Herrlichkeit in Ewigkeit, Amen
und vergib uns unsere Schuld,
Dein Name werde geheiligt.
Dein Wille geschehe wie im Himmel so auf Erden.
wie auch wir vergeben unsern Schuldigern.
Denn dein ist das Reich und die Kraft
sondern erlöse uns von dem Bösen.

☞ Schneide die Textstreifen aus und mische sie.
☞ Sortiere sie dann in der richtigen Reihenfolge.

Praxisbeispiel: »Weihnachtsgeschichten-Kuddelmuddel«

Weihnachtsgeschichte nach Lukas (Lk 2,1–20)

Es begab sich aber zu der Zeit, dass ein Gebot von dem Kaiser Augustus ausging, dass alle Welt geschätzt würde. Und diese Schätzung war die allererste und geschah zur Zeit, da Quirinius Statthalter in Syrien war.

Und jedermann ging, dass er sich schätzen ließe, ein jeglicher in seine Stadt. Da machte sich auf auch Josef aus Galiläa, aus der Stadt Nazareth, in das judäische Land zur Stadt Davids, die da heißt Bethlehem, darum dass er von dem Hause und Geschlechte Davids war, auf dass er sich schätzen ließe mit Maria, seinem vertrauten Weibe; die war schwanger.

Und als sie dort waren, kam die Zeit, dass sie gebären sollte. Und sie gebar ihren ersten Sohn und wickelte ihn in Windeln und legte ihn in eine Krippe; denn sie hatten sonst keinen Raum in der Herberge.

Und es waren Hirten in derselben Gegend auf dem Felde bei den Hürden, die hüteten des Nachts ihre Herde. Und des Herrn Engel trat zu ihnen, und die Klarheit des Herrn leuchtete um sie; und sie fürchteten sich sehr.

Und der Engel sprach zu ihnen: Fürchtet euch nicht! Siehe, ich verkündige euch große Freude, die allem Volk widerfahren wird; denn euch ist heute der Heiland geboren, welcher ist Christus, der Herr, in der Stadt Davids.

Und das habt zum Zeichen: Ihr werdet finden das Kind in Windeln gewickelt und in einer Krippe liegen.

Und alsbald war da bei dem Engel die Menge der himmlischen Heerscharen, die lobten Gott und sprachen: Ehre sei Gott in der Höhe und Friede auf Erden bei den Menschen seines Wohlgefallens.

Und als die Engel von ihnen gen Himmel fuhren, sprachen die Hirten untereinander: Lasst uns nun gehen nach Bethlehem und die Geschichte sehen, die da geschehen ist, die uns der Herr kundgetan hat. Und sie kamen eilend und fanden beide, Maria und Josef, dazu das Kind in der Krippe liegen.

Da sie es aber gesehen hatten, breiteten sie das Wort aus, welches zu ihnen von diesem Kinde gesagt war. Und alle, vor die es kam, wunderten sich über die Rede, die ihnen die Hirten gesagt hatten. Maria aber behielt alle diese Worte und bewegte sie in ihrem Herzen.

Und die Hirten kehrten wieder um, priesen und lobten Gott für alles, was sie gehört und gesehen hatten, wie denn zu ihnen gesagt war.

Und als acht Tage um waren und er beschnitten werden sollte, gab man ihm den Namen Jesus, welcher genannt war von dem Engel, ehe er im Mutterleib empfangen war.

Weihnachtsgeschichte nach Matthäus (Mt 2,1–12)

Da Jesus geboren war zu Bethlehem in Judäa zur Zeit des Königs Herodes, siehe, da kamen Weise aus dem Morgenland nach Jerusalem und sprachen: Wo ist der neugeborene König der Juden? Wir haben seinen Stern aufgehen sehen im Morgenland und sind gekommen, ihn anzubeten.

Als das der König Herodes hörte, erschrak er und mit ihm ganz Jerusalem, und er ließ zusammenkommen alle Hohenpriester und Schriftgelehrten des Volkes und erforschte von ihnen, wo der Christus geboren werden sollte. Und sie sagten ihm: In Bethlehem in Judäa; denn so steht geschrieben durch den Propheten (Micha 5,1): »Und du, Bethlehem im Lande Juda, bist mitnichten die kleinste unter den Orten in Juda; denn aus dir wird kommen der Fürst, der mein Volk Israel weiden soll.«

Da rief Herodes die Weisen heimlich zu sich und erkundete genau von ihnen, wann der Stern erschienen wäre, und schickte sie nach Bethlehem und sprach: Zieht hin und forscht fleißig nach dem Kindlein; und wenn ihr's findet, so sagt mir's wieder, dass auch ich komme und es anbete.

Als sie nun den König gehört hatten, zogen sie hin. Und siehe, der Stern, den sie im hatten aufgehen sehen, ging vor ihnen her, bis er über dem Ort stand, wo das Kindlein war.

Als sie den Stern sahen, wurden sie hocherfreut und gingen in das Haus und sahen das Kindlein mit Maria, seiner Mutter, und fielen nieder und beteten es an und taten ihre Schätze auf und schenkten ihm Gold, Weihrauch und Myrrhe.

Und da ihnen im Traum befohlen wurde, nicht wieder zu Herodes zurückzukehren, zogen sie auf einem andern Weg wieder in ihr Land.

Als sie aber hinweggezogen waren, siehe, da erschien der Engel des Herrn dem Josef im Traum und sprach: Steh auf, nimm das Kindlein und seine Mutter mit dir und flieh nach Ägypten und bleib dort, bis ich dir's sage; denn Herodes hat vor, das Kindlein zu suchen, um es umzubringen.

Da stand er auf und nahm das Kindlein und seine Mutter mit sich bei Nacht und entwich nach Ägypten und blieb dort bis nach dem Tod des Herodes, auf dass erfüllt würde, was der Herr durch den Propheten gesagt hat, der da spricht (Hosea 11,1): »Aus Ägypten habe ich meinen Sohn gerufen.«

Texte: Luther 2017; Grundlage kann jeder Bibeltext oder eine Kinderbibel sein.

☞ Lies die beiden Weihnachtsgeschichten. Merke dir Personen (z.B. Hirten, Weise, Herodes, Engel), Orte und Symbole (z.B. Stern, Krippe).

☞ Schneide die Textstreifen aus, mische sie und ordne sie in der richtigen Reihenfolge dem Lukas- und Matthäusevangelium zu.

Bibellückentext ergänzen

Kurzinformation: Ein Bibeltext wird vorgelesen. Auf einem Arbeitsblatt werden Worte oder ein zentraler Gedanke gelöscht. Aus dem Gedächtnis oder mithilfe der Bibel werden die Begriffe ergänzt.

Eignung und Hinweise: Diese Methode kann bereits im Grundschulalter mit Kinderbibeltexten eingesetzt werden. Ab der Klassenstufe 5 eignen sich, je nach Lernsituation, auch Texte einer Vollbibel.

Praxisbeispiel: *Ährenraufen am Sabbat (Mk 2,23–28)*

23 Und es begab sich, dass er am Sabbat durch die ____________
ging, und seine Jünger fingen an, während sie gingen, Ähren auszuraufen.
24 Und die ____________ sprachen zu ihm: Sieh doch! Warum
tun deine Jünger am Sabbat, was nicht erlaubt ist?
25 Und er sprach zu ihnen: Habt ihr nie gelesen, was ____________ tat,
da er Mangel hatte und ihn hungerte, ihn und die bei ihm waren:
26 wie er ging in das Haus Gottes zur Zeit des Hohenpriesters Abjatar und
aß die Schaubrote, die niemand essen darf als die Priester, und gab sie
auch denen, die bei ihm waren?
27 Und er sprach zu ihnen: ____________

____

____________.
28 So ist der Menschensohn ein Herr auch über den Sabbat.

Text: Luther 2017; Grundlage kann jeder Bibeltext oder eine Kinderbibel sein.

Überschriften geben

Kurzinformation: In Bibeln oder Kinderbibeln werden Überschriften vorgegeben. Diese engen jedoch die Wahrnehmung ein bzw. legen den Fokus bereits fest. Den Lernenden wird daher ein Text ohne Überschrift vorgelegt. Auch sollte die Möglichkeit bestehen, Zwischenüberschriften zu formulieren. So kann der Fokus durch die Lernenden selbst gesetzt werden.

Eignung und Hinweise: Bereits mit Kindern im Grundschulalter eignet sich diese Methode, wenn man Texte einer Kinderbibel verwendet.

Praxisbeispiel
Für Lk 15,11ff finden sich in Bibelausgaben unterschiedliche Überschriften für das Gleichnis. Es heißt »Vom verlorenen Sohn«, »Vom barmherzigen Vater«, »Von den ungleichen Brüdern« oder sogar »Der Taugenichts«. So kann durch die Überschrift bereits eine moralische Festlegung erfolgen.

____

Hauptüberschrift

____

Erste Zwischenüberschrift

Jesus erzählt: »Ein Mann hat zwei Söhne. Der jüngere Sohn sagt zu ihm: ›Vater, gib mir jetzt schon das Geld, das ich einmal von dir erbe.‹
Der Vater gibt es ihm.
Der Sohn nimmt das Geld und zieht in ein fernes Land. Dort lebt er in Saus und Braus. Bald hat er das ganze Geld ausgegeben.

____

Zweite Zwischenüberschrift

Der Sohn hat kein Geld mehr. Niemand will etwas mit ihm zu tun haben.
Er muss auf dem Feld Schweine hüten und hat großen Hunger.
Aber er darf nicht einmal vom Futter der Schweine essen.
Da denkt er: ›Den Dienern meines Vaters geht es besser als mir.
Ich will heimgehen und meinen Vater um Verzeihung bitten. Vielleicht kann ich als Diener für ihn arbeiten.‹ So macht er sich auf den Weg.

____

Dritte Zwischenüberschrift

Der Vater sieht seinen Sohn schon von Weitem. Er läuft ihm entgegen und nimmt ihn in die Arme.
Dann ruft er seinen Dienern zu: ›Bereitet ein Festmahl vor. Das müssen wir feiern.‹
Der ältere Bruder findet das ungerecht. Aber der Vater sagt zu ihm:
›Freu dich doch mit mir. Dein Bruder war verloren, aber jetzt ist er wieder da. Sollen wir das nicht feiern?‹«

Textgrundlage: Nacherzählung zu Lk 15,11f aus der Kinderbibel zum Selbstgestalten, Stuttgart ^{3}2011.

Arbeitsblätter mit Bibeltext zum Lesen und Kommentieren gestalten

Kurzinformation: Lehrende und Lernende können sich selbst ein Arbeitsblatt mit Text und Kommentarspalte gestalten. Die Textgrundlage kann man in einer Online-Bibel finden (aktuelle Ausgaben, siehe »Bibel digital«, S. 99). Diese kopiert man in eine Tabelle eines Textverarbeitungsprogramms.

Eignung und Hinweise: Mit Texten einer Kinderbibel oder der »Gute Nachricht Bibel« ist ein solches Arbeitsblatt bereits ab Klassenstufe 3 einsetzbar. Wichtig ist, dass jeder Vers in einer neuen Zeile anfängt. Die Anmerkungsspalte sollte breit genug für Kommentare sein.

Praxisbeispiel: *Arbeitsblatt zu Zachäus*

Lk 19	Anmerkungen
1. Jesus ging nach Jericho hinein und zog durch die Stadt. 2. In Jericho lebte ein Mann namens Zachäus. Er war der oberste Zolleinnehmer in der Stadt und war sehr reich. 3. Er wollte unbedingt sehen, wer dieser Jesus sei. Aber er war klein und die Menschenmenge versperrte ihm die Sicht. 4. So lief er voraus und kletterte auf einen Maulbeerfeigenbaum, um Jesus sehen zu können; denn dort musste er vorbeikommen. 5. Als Jesus an die Stelle kam, schaute er hinauf und redete ihn an: »Zachäus, komm schnell herunter, ich muss heute dein Gast sein!« 6. Zachäus stieg schnell vom Baum und nahm Jesus voller Freude bei sich auf. 7. Alle sahen es und murrten; sie sagten: »Bei einem ausgemachten Sünder ist er eingekehrt!« 8. Aber Zachäus wandte sich an den Herrn und sagte zu ihm: »Herr, ich verspreche dir, ich werde die Hälfte meines Besitzes den Armen geben. Und wenn ich jemand zu viel abgenommen habe, will ich es ihm vierfach zurückgeben.« 9. Darauf sagte Jesus zu ihm: »Heute ist dir und deiner ganzen Hausgemeinschaft die Rettung zuteil geworden! Auch du bist ja ein Sohn Abrahams. 10. Der Menschensohn ist gekommen, um die Verlorenen zu suchen und zu retten.«	

Text: »Gute Nachricht Bibel«, Deutsche Bibelgesellschaft, Stuttgart 2018. Grundlage kann jeder Bibeltext oder eine Kinderbibel sein.

Kommentierendes Lesen (Västeras-Methode)

Kurzinformation: Diese Methode ist nach einem schwedischen Dorf benannt, in dem sie entwickelt wurde. Bei ihr wird der Bibeltext versweise ausgedruckt und mit einem Kommentarrand ausgestattet (siehe S. 23). Der Text wird laut vorgelesen und danach in Einzelarbeit mit Kommentaren versehen.

Eignung und Hinweise: Mit Kinderbibeltexten kann man diese Methode bereits ab der Grundschule anwenden. Gut eignen sich Bibelausgaben mit Rand oder Arbeitsblätter. In der Gruppe kann dann eine DIN A3-Kopie des Arbeitsblattes in die Mitte gelegt werden. Jeder kann seine Kommentar-Symbole darauf festhalten. Miteinander wird besprochen, wo Übereinstimmungen und Unterschiede vorliegen. So können Unklarheiten beseitigt und persönliche Eindrücke geklärt werden. Über die »Richtigkeit« einer Beobachtung wird nicht diskutiert.

Die Västeras-Methode kennt folgende Symbole für die Kommentierung:

? **Fragezeichen** meint: »Das ist mir unklar; das habe ich nicht verstanden!«

! **Ausrufezeichen** bedeutet: »Habe ich verstanden; mir ist klar geworden ...«

→ **Pfeil** sagt: »Ich bin angesprochen, nachdenklich, ärgere mich, freue mich ...«

Man kann auch **eigene Symbole** von Lernenden entwickeln lassen, wie z.B.:

☺ ich freue mich über das, was da steht ...

☹ es macht mich wütend, was da steht ...

↔ ich widerspreche dem, was da steht ...

☼ es ging mir ein Licht auf ...

Bildunterstütztes Lesen

Kurzinformation: Während des Lesens oder Vorlesens wird ein passendes Bild zu einer Geschichte, eine Bilderserie aus einer Kinderbibel (auch als Dia, Folie oder mit Beamer) oder ein Grundsymbol gezeigt. Die Lernenden können die Geschichte mit den Bildern vergleichen und erläutern, wie das Bild diese in Szene setzt oder interpretiert.

Eignung und Hinweise: Die Methode eignet sich schon bei Kindern im Vorschulalter, wenn die Bilder oder Symbole dem Alter angepasst sind (siehe »Bibel ins Bild gesetzt«, S. 48).

Bibel erzählen

Einführung: So nah wie möglich und so frei wie nötig

Erzählen gilt als eine der wichtigsten Methoden der Bibeldidaktik.

Vorteile einer gut präsentierten Erzählung sind:
- in ihr haben Lernende ein persönliches Gegenüber, also Ansprechpartner/innen
- durch Dramatisierung, Gestik und Mimik kann die Geschichte lebendig dargestellt werden
- diese Verbindung von Hören (Stimmmodulation) und Sehen (Mimik und Gestik des Erzählenden) steigert die Wahrnehmung
- Wichtiges kann durch Betonung oder entsprechende Gesten von Unwichtigem unterschieden werden.

Erzählen ist die **biblische Urmethode** schlechthin. Die meisten biblischen Geschichten entstanden als Erzählungen, die lange mündlich weitergegeben wurden. Selbst die Jesusgeschichten nahmen diesen Weg, obwohl es zu dieser Zeit bereits eine ausgeprägte Schriftkultur gab.

Später erst sind diese Bibelgeschichten für Erwachsene aufgeschrieben worden. Daraus ergeben sich folgende **Herausforderungen**:
- Wie erzählt man Kindern diese Erwachsenentexte?
- Wie überträgt man die Lebenssituation der Menschen von damals so, dass Kinder sie heute verstehen?
- Wie kann man die schriftlich fixierten Texte wieder in einen Erzählzusammenhang bringen?

Die Erzählansätze können dabei unterschiedlich sein – eng am überlieferten Text oder an der Erzählkunst mit ihren Stilmitteln orientiert:

- **Dietrich Steinwede** betonte eine enge Anbindung an den biblischen Text. Ziel seiner Bibelerzählung sei es, die Lernenden an die biblische Sprache heranzuführen, sodass sie später selbständig mit der Vollbibel umgehen können. Steinwede gilt als Zeuge für eine klare Textnähe im Erzählen.
- **Walter Neidhard** und **Martina Steinkühler** schlugen einen anderen Weg vor. Sie erzählten mit einer Rahmengeschichte, erklärten und interpretierten. Sie gelten als Zeugen für einen offenen Erzählstil.

Wie soll man erzählen?

Beide Erzählansätze haben ihre Berechtigung, denn durch sie kommen die für das Erzählen biblischer Geschichten entscheidenden Fragen in den Blick:

- Wie nahe am Text muss die Erzählung sein?
- Wie frei darf man die Geschichte ausschmücken?

Hierbei gilt der Grundsatz: Eine Nacherzählung sollte **so nahe am Text wie möglich und so frei wie nötig sein**.

Bei der Vorbereitung einer Nacherzählung sollte zunächst der Kern einer Geschichte gefunden werden. Außerdem sollte man die Geschichte gliedern. Hilfe kann dabei eine **Erzählskizze** sein, in der in kurzen Stichworten der Ablauf der Nacherzählung notiert wird. Den Einstieg, wichtige Übergänge und Kernaussagen sollte man schriftlich ausformulieren. Bei einer Problemstellung (Dilemma, vgl. S. 44) kann die Erzählung unterbrochen und der Hörer gefragt werden, wie die Geschichte weitergehen könnte. Auch können Bilder, Musik oder Erzählfiguren das Erzählen unterstützen. Die **Erzählsprache** muss der jeweiligen Zielgruppe angepasst sein. Für Kinder eignen sich kurze, spannungsreiche Sätze und kurze Dialoge (direkte Rede). Jüngeren Kindern (bis Klassenstufe 2) ist ein Leben in biblischer Zeit wenig vorstellbar. Dies muss eigens vorbereitet werden. Man kann klären, wie ein Leben ohne Strom (ohne Fernseher und Kühlschrank) aussieht. Zur **Vorbereitung** der Erzählung bietet sich in den Folgestunden eine **Phantasiereise** an, die die Kinder an das Erarbeitete erinnert (vgl. hierzu die Phantasiereise in: »Bibel meditieren«, S. 80–81).

Als Erzähler/in kann man auch eine bestimmte **Erzählperspektive** wählen. Dies kann beispielsweise ein Reporter sein, der über die Geschichte berichtet. Oder man kann sie aus der Sicht einer beteiligten Gestalt nacherzählen (siehe perspektivisches Erzählen, S. 28 und S. 44).

Beim Erzählen ist **Augenkontakt** wichtig – also sollte eine Geschichte frei erzählt werden. Gestik und Mimik sind in das Erzählen mit einzubeziehen. Afrikanische Erzähler/innen erzählen beispielsweise mit dem ganzen Körper.

Den **Aufbau einer Erzählung** kann man folgendermaßen gestalten:

Einstieg: Präsentation des Schauplatzes bzw. des Umfeldes (Landschaft, Tageszeit ...) sowie der Hauptfiguren.
Darstellung des Problems oder Konfliktes.
Aufbau des Spannungsbogens: Steigerung der Spannung durch Verlangsamung der Geschichte (Details, Nebenschauplatz) möglich.
Ende: entweder Lösung des Problems oder Darstellung eines Dilemmas am Ende, das der Zuhörer lösen soll.

Am Ende der einzelnen Phasen sind Kontrollimpulse möglich, die deutlich machen, ob das Nacherzählte verstanden wurde.

Methodisch hilfreich ist eine **Literatur-Kartei** (beispielsweise Frieder Harz: Biblische Erzählwerkstatt. Anregungen zum Erzählen und Gestalten von 11 biblischen Geschichten, Lahr 2001).

Wie erzähle ich eine (biblische) Geschichte? Der POZEK-Schlüssel

Basiselemente einer guten Erzählung lassen sich durch den sogenannten »POZEK-Schlüssel« auf den Punkt bringen:

P = Personen

- Beim Erzählen stellt man sich **echte Personen** vor: Ein alter Mann, ein junges Mädchen etc. Man beschreibt deren Aussehen, Gesichtszüge, Haltung etc.
- Die **Rolle** einer Person sollte klar sein (Haupt- oder Nebenrolle).
- Welche **Handlungen** werden mit den Personen in Verbindung gebracht?
- Was **tun** sie, was geschieht mit ihnen, wie verhalten sie sich?
- Was **denken und fühlen** die Menschen? Ein inneres Zwiegespräch oder typische menschliche Reaktionen können in die Erzählung eingebaut werden.

O = Ort

- Wie sieht der **Ort des Geschehens** aus? Zur Vorbereitung kann ein Bildband zu Rate gezogen werden (z.B. vom See Genezareth). Wie sehen die Umgebung, typische Pflanzen oder die Farben einer Landschaft aus?
- **Geräusche** können in die Erzählung eingebaut werden (z.B. Plätschern von Wasser). Auch **Gerüche** gehören zur Atmosphäre eines Ortes (in einem Glas mediterrane Kräuter mitbringen und beim Erzählen öffnen).

Z = Zeit

- **Eine historische Epoche** ist für Kinder schwer fassbar. Man kann Informationen einbauen – dass es damals keine Autos, kein fließendes Wasser oder keinen Strom gab.
- Bestimmte **Tages- oder Jahreszeiten** lösen Stimmungen aus. Wie die Sonne am Himmel steht oder ob Nebel über den Feldern liegt – all dies kann eine Geschichte anschaulich und farbig machen.

E = Ereignis

- Eine Geschichte lebt von ihrem **Höhepunkt**, um den herum sie aufgebaut ist. Dieser kann ein Ereignis oder auch ein Spruch sein.
- Um den Höhepunkt muss ein klarer Spannungsbogen erkennbar sein, bei dem Übergänge gut formuliert werden.

K = Kern

- Der **Kerngedanke** eines Textes sollte in eigenen Worten kurz auf den Punkt gebracht werden können – auch von den Hörer/innen.

Lernwege des Erzählens

Perspektivisches Erzählen

Kurzbeschreibung: Diese Methode greift die Perspektive einer Erzählfigur auf, die im Bibeltext genannt wird oder indirekt in der Erzählung vorkommt. Dabei können die Erlebnisse der Erzählfigur den Text interpretieren.

Eignung und Hinweise: Diese Methode spricht bereits Kinder im Vorschulalter an. Eigenständig können solche perspektivischen Texte ab der Klassenstufe 4 erarbeitet werden (siehe »Bibel kreativ schreiben«, S. 44). Bei dieser Methode besteht allerdings die Gefahr, dass die Nacherzählung vom biblischen Original stark abweichen kann.

Praxisbeispiel: *Erzählen von Lk 15,11ff aus Sicht des älteren Sohnes*
Neulich kam ich von meiner Arbeit auf dem Feld nach Hause. Da stand mein kleiner Bruder breitbeinig vor unserem Vater und sagte: »Vater. Gib mir mein Erbteil« ...

Praxisbeispiel: *Das Gleichnis vom verlorenen Schaf (Lk 15,1–7) aus der Sicht des verlorenen Schafes (als Fabel)*

Das kleine Schaf
Ich bin ein kleines Schaf, das kleinste von hundert Schafen.
Unser Hirte ist sehr lieb zu uns allen.
Aber manchmal habe ich Angst, er könnte mich vergessen, weil ich so klein bin.
Heute führt uns unser Hirte aus dem trockenen Tal.
Wir freuen uns auf die grünen Wiesen oben in den Bergen.
Doch der Weg ist weit und anstrengend.
Endlich sind wir angekommen!
Das Gras ist saftig und die Blumen schmecken mir.
Jetzt bin ich satt und glücklich.
Ich springe umher. Es ist ein wunderbarer Tag.
Auf einmal bin ich ganz allein. Wo sind die anderen?
Die Sonne geht unter. Was soll ich nur machen?
Ich bin so müde und kann nicht mehr laufen.
Es wird dunkel und ich habe Angst.
Ich denke an unseren Hirten. Hoffentlich merkt er, dass ich nicht mehr da bin.
Es wird kalt. Ich fürchte mich im Dunkeln.
Was höre ich da? Da kommt jemand! Wer kann das sein?
Es ist unser Hirte. Er sucht mich. Er hat mich nicht vergessen!
Vorsichtig legt er mich auf seine Schulter.
Jetzt habe ich keine Angst mehr. Glücklich schlafe ich ein.
Ich wache auf und höre: Mein Hirte feiert ein Fest.
Er freut sich, dass ich wieder da bin.
Ich weiß: Er wird mich immer suchen, wenn ich mich verirre.
Er wird mich niemals allein lassen. Ich bin ihm wichtig.

Afrikanisch erzählen

Kurzinformation: In Afrika gibt es noch den Beruf der Erzähler/innen. Diese verstehen es, beim Erzählen den ganzen Körper einzusetzen. Dazu begleiten sie ihre Nacherzählung mit Gesten, Bewegungen und Geräuschen sowie mit Mimik oder mit Masken.

Das Publikum geht mit und erlebt »leibhaft« die Geschichte.

Eignung und Hinweise: Dies ist etwas für Lehrende, die sich dies zutrauen und schauspielerisches Geschick mitbringen. Man muss sich vorab fragen, welche Mimik, Gesten, Bewegungen und Geräusche das Erzählen unterstützen. Allerdings sollte man sich vorher überlegen, ob eine solch expressive Erzählweise sowohl in den Erzählkontext (Lerngruppe) als auch zu einem selbst passt.

Erzählen mit Hilfsmitteln

Kurzbeschreibung: Hilfsmittel für das Erzählen sind beispielsweise:

- Bilder aus Kinderbibeln / daraus Poster, Overhead- oder Powerpoint-Folien (siehe S. 33).
- Flanellbilder (z.B. Afrikanische Flanellbilder, siehe S. 32).
- Stab- oder Erzählfiguren (siehe S. 72–74; S. 85).

Eignung und Hinweise: Bilder von Kinderbibeln erleichtern bereits im Vorschulalter das Nacherzählen. Man muss allerdings darauf achten, dass die Bilder »verstanden« werden. Oft werden bei Jugendlichen zu »kindische« Bilder und bei Kindern überfordernde »hermeneutische« Bilder eingesetzt (siehe »Bibel ins Bild gesetzt«, S. 48).

Erzählen mit Kerzen

Kurzinformation: Mit Kerzen werden handelnde Personen dargestellt. Das Anzünden bedeutet: Die Personen werden aktiv oder ihnen geht »ein Licht auf«.

Eignung und Hinweise: Die Methode ist ab dem Vorschulalter einsetzbar. Kinder können die Kerzen anzünden, wenn sie alt genug dafür sind.

Praxisbeispiel: Jesus und die Jünger im Boot (Mk 4,35–41)
Man braucht einen Karton, aus dem die Form eines Bootes ausgeschnitten wird, einen blauen Untergrund (z.B. Tuch) für das Wasser, einen braunen Untergrund (z.B. Tuch) für das Ufer. Im Boot stehen 12 Teelichter und eine Osterkerze (Jesus). Vor Beginn der Erzählung wird die Osterkerze angezündet. Dann folgt die Erzählung:

> Jesus und seine Jünger fahren mit dem Boot über den See.
> Jesus schläft ein. Da kommt ein Sturm auf.
> Hohe Wellen bedrohen das Schiff. Die Jünger haben Angst.
> Sie wecken Jesus und rufen: »Hilfe! Wir gehen unter!«
> Da steht Jesus auf. Er ruft dem Sturm und den Wellen zu: »Seid still!«
> Der Sturm und die Wellen beruhigen sich.
> Jesus fragt: »Warum habt ihr Angst? Ich bin doch bei euch.«
> Die Jünger staunen. »Sogar der Wind und die Wellen gehorchen Jesus!«
> Sie spüren: Jesus ist etwas ganz besonderes.
> Er steht ihnen in der Not bei.
>
> Textgrundlage: Kinderbibel zum Selbstgestalten, Stuttgart [3]2011

Nach der Erzählung zünden die Kinder die Kerzen der Jünger an. Das Anzünden der Kerzen bedeutet hierbei: Die Jünger verstanden (»ging ein Licht auf«), dass Jesus ihnen auch in Gefahr beisteht.

Erzählen mit Legematerialien (Naturmaterialien, Tüchern, Kerzen)

Kurzinformation: Legematerialien dienen der Visualisierung einer Geschichte. Dafür eignen sich Stoffe, Tücher, farbiges Papier, Filz oder Naturmaterialien (beispielsweise Äste, Blätter, Steine). Durch Legematerialien können Kinder, Jugendliche und Erwachsene die Geschichte auf vielgestaltige Weise darstellen und interpretieren.

Eignung und Hinweise: Bereits im Vorschulalter eignet sich diese Methode. Legematerialien gibt es im Handel (beispielsweise »Kett«-Materialien unter www.rpa-verlag.de). Für viele Szenen genügen einfache Tücher (z.B. beziehbar über www.junge-gemeinde.de).

Praxisbeispiel: *Pfingstgeschichte (Apg 2)*

Szene: Die Jünger im Haus
Der Anfang der Pfingstgeschichte wird vorgelesen.
Ein graues Tuch (Ausdrucksfarbe für Angst) und Steine (Haus und Mauer der Angst) bilden das Umfeld.
Elf noch nicht angezündete Kerzen stehen im Haus.
Ein kleines Tischdeckchen kann einen Tisch symbolisieren.

Szene: Der Heilige Geist Gottes macht den Jüngern Mut
Die Geschichte wird weiter gelesen.
Die Kerzen werden angezündet.
Ein rotes Tuch überdeckt das graue.
Die Steine werden zur Seite gelegt und ein Durchgang geöffnet.

Szene: Die Jünger gehen nach draußen
Die brennenden Kerzen werden auf ein grünes Tuch gestellt.
Dort stehen andere Kerzen, die noch nicht angezündet sind.
Eine Kerze (Petrus) wird auf ein kleines Podest (z.B. einen Holzklotz) gestellt.
Die Petrusrede wird vorgelesen.
Einige Kerzen um die Petruskerze herum werden angezündet.
Diesen »Hörern« geht »ein Licht auf«.
Einige Kerzen bleiben aus.

Praxisbeispiel: Legeszenen zu Lk 15,11ff (Vom gütigen Vater)
Legematerialien: Afrikanische Flanellbilder (www.kigo-pfalz.de), farbige Tücher (durchsichtig und undurchsichtig), Stoffstreifen, farbiges Papier.

Der Sohn macht sich auf den Weg

Hintergrundfarbe: Grün
Ein Stoffstreifen symbolisiert den Weg

Sohn ist »ganz unten«

Hintergrundfarbe: Grau

Der Sohn kommt zum Vater zurück

Hintergrundfarbe: Gelb

Wie wird sich der ältere Sohn verhalten?

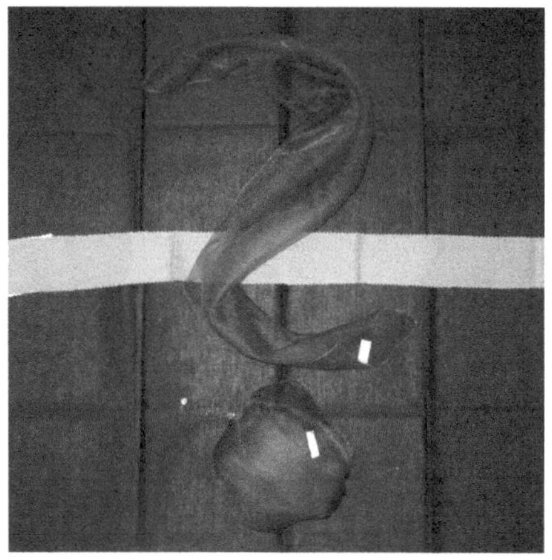

Farben: Schwarz (Hintergrund)
Rot (Weg und Fragezeichen)

Erzählen mit Hintergrundfolien und Overheadfiguren

Kurzinformation: Die Szenenfolge einer biblischen Geschichte wird auf dem Overhead-Projektor gestaltet (»gelegt«). Dazu braucht man Hintergrundfolien, Figuren und Gegenstände.

Eignung und Hinweise: Ab sechs Jahren können Kinder mit vorgefertigten Figuren die Szenen vorführen. Ab neun Jahren können sie ein Spiel auch selbst gestalten.

Dazu werden Hintergrund-Motive mit Overhead-Stiften (nicht-wasserlöslich) auf eine Folie aufgetragen (Umrisse). Mit wasserlöslichen Farben (z.B. Wasserfarben) können die Umrisse ausgefüllt werden. Figuren und Gegenstände der biblischen Geschichte werden aus Folie (bleibt dann durchsichtig) oder Papier (wirkt dann schwarz) ausgeschnitten.

Projektbeispiel und Hilfsmittel:
Man kann mithilfe der »Kinderbibel zum Selbstgestalten« eigene Figuren entwickeln (siehe S. 51; S. 74) oder daraus Hintergrundszenen verwenden. Beispiel: See Genezareth.

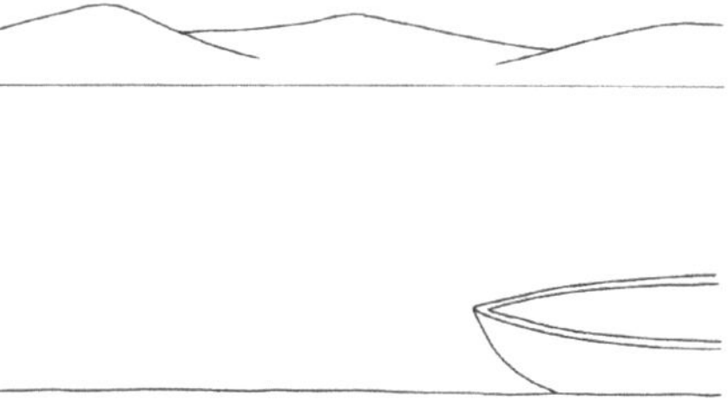

Projektbeispiel und Hilfsmittel: *»Gut platziert«*
Overheadfiguren, Szenenhintergründe, Tiere, Pflanzen und Symbole bietet die CD-ROM »Gut platziert« (Bibellesebund und Born-Verlag).

Beispielfiguren:

offenes Haus

Abraham Jesus goldenes Kalb Engel

Erzählen mit Zeichen und Symbolen

Kurzinformation: Ein zentrales Symbol der Geschichte wird beim Erzählen in die Mitte gelegt. Dann wird das Symbol gedeutet:

- Was verbindet ihr mit dem Symbol?
- Was bedeutet es?

Eignung und Hinweise: Bereits Kinder ab dem Grundschulalter sind in der Lage, mit dieser Methode zu arbeiten. Hörer/innen der Erzählung können auch weitere Symbole der Geschichte benennen.

Praxisbeispiel
Für die Weihnachtsgeschichte nach Lukas kann man beispielsweise ein Wegsymbol, eine Krippe, Engelsflügel oder einen Hirtenstab verwenden.

Erzählen mit Verkehrszeichen

Kurzinformation: Verkehrszeichen symbolisieren besondere Aktionen. Sie sind Grundschulkindern aus der Alltagswelt bekannt. Man findet sie im Internet (siehe S. 35). Außerdem gibt es an Schulen Materialien zur Verkehrserziehung, die genutzt werden können.

Eine biblische Geschichte wird gelesen und Verkehrszeichen werden verteilt. Die Lernenden überlegen, welches Verkehrszeichen zu den jeweiligen Szenen passt.

Eignung und Hinweise: Gerade Jugendliche in der Sekundarstufe sprechen auf diese Methode gut an. Blanko-Schilder können Lernende motivieren, auch eigene Verkehrszeichen herzustellen.

Praxisbeispiel: Der gütige Vater (Lk 15,11ff)

- Einstiegsszene: Vorfahrtschild
- Weg in die Ferne: Autobahnschild
- Er gibt das Geld aus: Raststättenschild
- Es kam die Teuerung: Ende der Autobahn
- Es geht bergab: 10 % Gefälle
- Er stürzt ab: Uferschild

Bei dieser Methode häufig verwendete Verkehrszeichen für Bibelgeschichten sind:

Diese sowie alle aktuellen Verkehrszeichen findet man beispielsweise bei Wikipedia unter dem Link: https://de.wikipedia.org/wiki/Bildtafel_der_Verkehrszeichen_in_der_Bundesrepublik_Deutschland_seit_2017

Rücken-Erzählen

Kurzinformation: Während eine Geschichte nacherzählt wird, werden mit der Hand auf dem Rücken eines Gegenübers Bewegungen zur Geschichte gemacht. Wenn man hintereinander in einem Kreis sitzt, hat jeder einen Rücken zur Verfügung.

Eignung und Hinweise: Dieser Lernweg eignet sich sowohl für Kinder als auch für Erwachsene, weniger jedoch für Jugendliche. Es muss in der Gruppe ein Grundvertrauen für Berührungen vorhanden sein. Rücken-Erzählungen können im Sitzen oder im Stehen durchgeführt werden.

Praxisbeispiel: Zachäus

Jesus geht nach Jericho.	Die Finger »gehen« über den Rücken.
Zachäus will Jesus sehen und springt hoch. Aber er ist zu klein.	Die Hand springt.
Zachäus klettert auf einen Baum.	Die Finger klettern hoch.
Jesus spricht zu Zachäus.	Die Hand formt einen Mund. Sie öffnet und schließt sich.
Zachäus kommt herunter.	Die Finger »klettern« herunter.
Die andern ärgern sich und schimpfen.	Die Finger bewegen sich aufgeregt.
Jesus geht mit zu Zachäus.	Die Finger gehen ruhig.
Zachäus verspricht, sich zu ändern.	Die Hand macht eine Drehbewegung (Umkehr).
Jesus sagt Gottes Vergebung zu.	Die Hand streichelt den Rücken.

Erzählen mit Fußsohlen

Kurzinformation: Personen einer biblischen Geschichte werden als Fußsohlen aus farbigem Karton symbolisch dargestellt. Die Formen werden in verschiedenen Größen und Farben angefertigt. In der Erzählung legt man die Fußsohlen so, wie die Personen »zueinander stehen«.

Eignung und Hinweise: Die Methode eignet sich ab dem Anfangsunterricht bis ins Erwachsenenalter. Mit den Fußsohlen kann gut das Beziehungsgeflecht innerhalb der Geschichte sowie deren innere Dynamik ausgedrückt werden. Wichtig ist, dass alle die auf dem Boden gelegte Szene sehen können (beispielsweise in einem Stuhlkreis).

Praxisbeispiel: Barmherziger Vater / Verlorener Sohn (Lk 15,11ff)
Gebraucht werden Fußsohlen für folgende Figuren:

Vater	Älterer Sohn	Jüngerer Sohn
Leute im Wirtshaus	Schweine	Diener

Szenen, die gestellt werden können:

- Der Vater und der jüngere Sohn.
- Der Sohn geht fort.
- Der Sohn steht im Mittelpunkt.
- Die Freunde gehen fort.
- Der Sohn ist allein und hungert.
- Der Sohn ist bei den Schweinen.
- Der Sohn geht zurück.
- Vater und Sohn begegnen sich.
- Der Diener und der ältere Bruder.
- Der ältere Bruder und der Vater.

Die Fußsohlen können unterschiedliche **Größen** haben: Der jüngere Sohn kommt zunächst zum Vater und lebt dann auf großem Fuß. Bei den Schweinen ist er ganz klein (oder barfuß). Schließlich macht ihn sein Vater wieder so groß, wie er am Anfang war.

Die Figuren können durch verschiedene **Farben** charakterisiert werden. Der Vater wird gerne in einer warmen Farbe (z.B. weinrot), der Sohn mit einer Farbe für das Ungewisse (blau) dargestellt. Die Brüder können durch Blautöne unterschieden werden.

Vorlagen:
Zur Unterscheidung kann man, neben den Farben, auch verschiedene Schuhtypen wählen (rund, eckig). Frauenschuhe kann man spitz gestalten. Armut kann durch Barfüße dargestellt werden. Auch Fußspuren von Tieren können eingesetzt werden (hier Schweine).

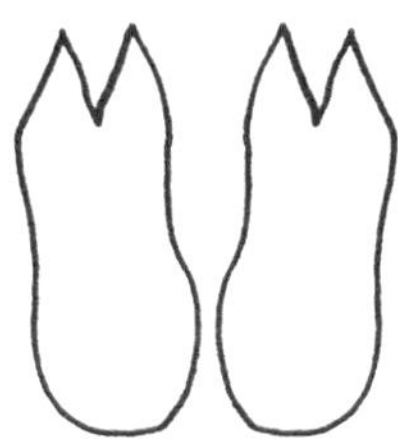

Bibel ins Gespräch bringen

Einführung

Um mit einem biblischen Text ins Gespräch zu kommen, muss man in die Geschichte hineingenommen werden und sich auf sie einlassen. Dies kann gelingen, wenn man beispielsweise eine Rolle oder eine Perspektive in der biblischen Geschichte übernimmt.

Lernwege gesprächsorientierten Arbeitens

Fragen an den Schreiber formulieren

Kurzinformation: Der Text wird gelesen. Dann formuliert man in Einzelarbeit persönliche Fragen an den Schreiber des Textes. Unklare Begriffe oder Sachverhalte können angesprochen werden. Anschließend werden die offenen Fragen der Gruppe vorgestellt. Miteinander oder mit Hilfsmitteln (z.B. mit einem Bibellexikon) kann eine Klärung erfolgen.

Eignung und Hinweise: Die Methode kann ab Klassenstufe 3 anhand von Kinderbibeltexten eingesetzt werden. Gut eignet sich hierfür ein Arbeitsblatt, das genügend Platz für Fragen lässt (Vorlage siehe S. 23).

Praxisbeispiele:
- Frage an den Schreiber des Markusevangeliums: »Was meinst du mit Reich Gottes?«
- Frage an den Schreiber des Gleichnisses vom gütigen Vater (Lk 15,11ff): »Was ist schlimm daran, auf dem Bauernhof als Schweinehirt zu arbeiten?«

Interview und Talkshow

Kurzinformation: Nach einem größeren Erzählkomplex können Personen aus der Bibelgeschichte zu ihren »Erlebnissen« interviewt werden. In einer größeren Gruppe kann dies in Form einer Talkshow geschehen.

Eignung und Hinweise: Der Einsatz der Methode ist ab neun Jahren möglich, wenn die Geschichte gut wiederholt wurde. Ein Interview ist einfacher umzusetzen als eine Talkshow, bei der man eine/n Moderator/in braucht.

Praxisbeispiel: Exodusgeschichte
Als Interviewpartner / Gäste einer Talkshow zum Auszug aus Ägypten bieten sich an:

Mose	Mirjam	Aaron
ein »normaler« Israelit (Kind, Mann, Frau)	ein »normaler« Ägypter (Kind, Mann, Frau)	Pharao

Standpunkt finden

Kurzinformation: Diese Methode eignet sich bei Texten, die zu Entscheidungen auffordern, wie dies bei der Bergpredigt der Fall ist.

Ein grünes Blatt wird in einer Ecke des Raumes ausgelegt, ein rotes Blatt in der gegenüberliegenden Ecke (es geht auch entlang einer Linie).

Dann wird ein biblischer Text vorgelesen. Die Lernenden werden aufgefordert, ihren »Standpunkt« zu suchen und darüber zu diskutieren. Wer sich zu Grün stellt, meint damit: Ich bin damit einverstanden! Wer bei Rot steht, sagt: Ich bin dagegen! Auch Zwischenpositionen sind möglich (eher bei Grün oder eher bei Rot). Anschließend wird über den Sinn der Worte diskutiert. Es ist möglich, nach der Diskussion noch einmal zu prüfen, ob man richtig »steht«.

Eignung und Hinweise: Mit einfachen Texten oder Geschichten aus einer Kinderbibel können bereits Kinder ab acht Jahren ihren Standpunkt finden.

Praxisbeispiel: Mt 5 (Vom Vergelten)

☺ **Grünes Blatt**	**38** Ihr habt gehört, dass gesagt ist (2. Mose 21,24): »Auge um Auge, Zahn um Zahn.« **39** Ich aber sage euch, dass ihr nicht widerstreben sollt dem Bösen, sondern: wenn dich jemand auf deine rechte Backe schlägt, dem biete die andere auch dar. **40** Und wenn jemand mit dir rechten will und dir deinen Rock nehmen, dem lass auch den Mantel. **41** Und wenn dich jemand eine Meile nötigt, so geh mit ihm zwei. **42** Gib dem, der dich bittet, und wende dich nicht ab von dem, der etwas von dir borgen will.	☹ **Rotes Blatt**

Text: Luther 2017; Grundlage kann jeder Text einer Voll- oder Kinderbibel sein.

Textspaziergang

Kurzinformation: Man begibt sich gedanklich in den Text hinein – geht in ihm »spazieren.« Übernommen werden kann:

- die Rolle einer biblischen Person (z.B. ein Jünger, Zachäus oder Jesus)
- die Rolle eines stillen Beobachters der Szene (Händler/in an der Straße, an der Zachäus Jesus begegnet).
- die Rolle einer Person, die mitgedacht werden kann (z.B. die Gedanken der Frau des Zachäus oder eines Zöllnerkollegen nach dem Besuch Jesu).

Eignung und Hinweise: Mit einfachen Kinderbibel-Texten kann man diese Methode bereits ab Klassestufe 3 einsetzen, mit Texten einer Vollbibel ab der Klassenstufe 6.

Praxisbeispiel: *Von den Arbeitern im Weinberg (Mt 20)*

1 Denn das Himmelreich gleicht einem Hausherrn, der früh am Morgen
ausging, um Arbeiter anzuwerben für seinen Weinberg. **2** Und als er mit
den Arbeitern einig wurde über einen Silbergroschen als Tagelohn, sandte
er sie in seinen Weinberg.

Du bist einer der Tagelöhner. Du hast nach vielen Tagen endlich eine Arbeit gefunden. Wie fühlst du dich?
Mache eine Bewegung, die für dich dieses Gefühl am besten ausdrückt!

3 Und er ging aus um die dritte Stunde und sah andere auf dem Markt
müßig stehen **4** und sprach zu ihnen: Geht ihr auch hin in den Weinberg;
ich will euch geben, was recht ist.
5 Und sie gingen hin. Abermals ging er aus um die sechste und um die
neunte Stunde und tat dasselbe. **6** Um die elfte Stunde aber ging er aus
und fand andere stehen und sprach zu ihnen: Was steht ihr den ganzen
Tag müßig da?
7 Sie sprachen zu ihm: Es hat uns niemand angeworben. Er sprach zu
ihnen: Geht ihr auch hin in den Weinberg.

Du bist ein Händler auf dem Marktplatz. Den ganzen Tag siehst du zu, wie der Weinbergbesitzer immer wieder Tagelöhner einstellt. Was geht dir im Kopf herum? Sprich deine Gedanken laut aus!

8 Als es nun Abend wurde, sprach der Herr des Weinbergs zu seinem
Verwalter:
Ruf die Arbeiter und gib ihnen den Lohn und fang an bei den letzten bis zu
den ersten.
9 Da kamen, die um die elfte Stunde angeworben waren, und jeder emp-
fing seinen Silbergroschen. **10** Als aber die Ersten kamen, meinten sie,
sie würden mehr empfangen; und sie empfingen auch ein jeder seinen
Silbergroschen.

11 Und als sie den empfingen, murrten sie gegen den Hausherrn **12** und
sprachen: Diese Letzten haben nur eine Stunde gearbeitet, doch du hast
sie uns gleichgestellt, die wir des Tages Last und die Hitze getragen haben.
13 Er antwortete aber und sagte zu einem von ihnen: Mein Freund, ich tu
dir nicht Unrecht. Bist du nicht mit mir einig geworden über einen Silbergroschen?
14 Nimm, was dein ist, und geh! Ich will aber diesem Letzten dasselbe
geben wie dir. **15** Oder habe ich nicht Macht zu tun, was ich will, mit dem,
was mein ist? Siehst du darum scheel, weil ich so gütig bin?
16 So werden die Letzten die Ersten und die Ersten die Letzten sein.

Der Besitzer ist gegangen.
Die rechte Hälfte eurer Gruppe gehört zu den Ersten, die linke Hälfte zu den Letzten, die eingestellt wurden.
Ihr diskutiert ...

Text: Luther 2017; Grundlage kann jeder Bibeltext oder eine Kinderbibel sein.

Möglicher Verlauf und Reaktionen

Bei der ersten Aktion kann eine geballte Faust oder ein Luftsprung erfolgen. Je älter Kinder werden, desto weniger sollte man jedoch diesen Schritt einsetzen.

Bei der zweiten Aktion wird deutlich, wie ungewöhnlich dieser Weinbergbesitzer ist, indem er immer wieder kommt und neue Arbeitskräfte holt. Dies geht von: »Kann der nicht besser planen?« bis: »Das ist aber nett, dass er die noch einstellt, die keine Arbeit gefunden haben.«

Die dritte Aktion nimmt die Gruppe nun mit hinein ins Geschehen und in die Diskussion über die Gerechtigkeit Gottes. Da die »Ersten« zunächst empört sind über die scheinbare Ungerechtigkeit, hat das Gespräch meist das Gerechtigkeitsverständnis des Weinbergbesitzers als Thema. Erste Reaktion: »Der Weinbergbesitzer soll den Letzten nur die Hälfte geben.«

Zum tieferen Verständnis der Geschichte wäre folgender Impuls noch einzubringen: *Was ist ein »Silbergroschen«? Ein Silbergroschen ist ein Geldstück, das den Tagesbedarf einer Familie deckt.* Es muss deutlich werden, dass die Familie der Tagelöhner, die zuletzt eingestellt wurden, in Not gerät, wenn ihr Lohn noch geteilt würde.

In der Grundschule empfiehlt es sich, einen Kinderbibeltext zu verwenden. Beim Vollbibeltext wird durch den letzten Satz der Sinn des Gleichnisses in besonderer Weise deutlich: Jesus zeigt, dass kein Mensch Gottes Entscheidung vorwegnehmen kann. Gottes Gerechtigkeit ist anders, als wir denken. Doch dürfen wir darauf vertrauen, dass Gott großzügig ist (siehe hierzu auch Die Bibel elementar, 2. Aufl. 2017, S. 191–192).

Bibliolog

Der Bibliolog setzt sich mit einer biblischen Geschichte durch ein geleitetes Gespräch auseinander. Lehrende führen in die Geschichten ein, spiegeln, verstärken und vertiefen Äußerungen der Lernenden. Entwickelt wurde die Methode vom US-Amerikaner **Peter Pitzele** auf der Grundlage psychodramatischer, literaturwissenschaftlicher und rabbinischer Lernwege. Die Bibeltexte sollen durch kreative Füllung ihrer Lücken ausgelegt werden. Die rabbinische Hermeneutik unterscheidet das **schwarze Feuer** (Buchstabengehalt der biblischen Texte) vom **weißen Feuer** (Raum zwischen den Worten). Der Bibliolog setzt voraus, dass Texte in Lebenssituationen unterschiedlich verstanden werden. Die unterschiedliche Interpretation ermöglicht es, die eigene Wahrnehmung zu erweitern. In der Regel dauert ein Bibliolog 15 bis 30 Minuten, ohne festliegende Gruppengröße. Die Methode muss in Kursen erlernt werden. Entscheidend ist der Aufbau eines Bibliologs, seine »**Choreographie**«, d.h. an welchen Stellen welche Fragen an welche Personen gestellt werden.

Zu Beginn (»**Prolog**«) wird in die Methode und den biblischen Text eingeführt. Wo Identifikationsmöglichkeiten mit dem Text bestehen, wo also »weißes Feuer« lodert, wird den Teilnehmenden die Rolle einer biblischen Gestalt zugewiesen (»**enroling**«). Man wird mit dem Namen der Person angesprochen.

Im »**echoing**« werden Äußerungen der Teilnehmenden aufgenommen und verstärkt. Auf diese Weise werden Aussagen für alle hörbar gemacht.

Emotionen werden dabei besonders beachtet. Damit wird einerseits jede Äußerung als wertvolle Aussage gewürdigt. Andererseits bekommen diejenigen, die sich äußern, die Chance, sich selbst besser zu verstehen und tiefer in die Rolle hineinzukommen. »**Echoing**« verlangt von der Leitung die Fähigkeit zur Empathie und ein hohes Maß an Übung.

Im »**interviewing**« kann nachgefragt werden, wenn beispielsweise Inhalte nur angedeutet wurden. Die Leitung muss dabei jedoch in der Linie der Teilnehmer/in bleiben, sie soll nicht Aspekte hervorlocken, die sie selbst interessieren.

Das »**deroling**«, der Epilog, beendet den Bibliolog.

Bibliolog und Bibliodrama (siehe S. 78) sind miteinander verwandt. Beide gehen davon aus, dass sich durch ein »Hineingehen« in die Geschichten ein neuer Zugang zur Bibel eröffnet. Die biblische Geschichte wird als Raum zur spielerischen Identifikation gesehen. Unterschiede sind, dass der Anteil an Selbsterfahrung im Bibliolog geringer ist bzw. eine Erfahrung der Teilnehmenden selbst bleibt. Beim Bibliolog muss man sich weniger als beim Bibliodrama auf Prozesse einer Gruppe einlassen. Der Bibliolog ist leitungszentrierter. Aufgrund dessen, aber auch aufgrund seiner relativ kurzen Dauer, lässt er sich flexibler in unterschiedlichen Handlungsfeldern (z.B. im Unterricht) einsetzen als das Bibliodrama (siehe S. 78).

Bibel kreativ schreiben

Einführung

Beim kreativen Schreiben werden biblische Texte verfremdet wiedergegeben oder umgestaltet. Um einen Text kreativ zu gestalten, muss man sich zuvor gut mit ihm auseinandergesetzt haben. Die kreative Umsetzung kann in Wort oder Bild geschehen.

Lernwege kreativen Schreibens

Bibelsprüche kalligraphisch gestalten

Kurzinformation: Bibelsprüche oder kürzere Bibelgeschichten lassen sich kalligraphisch gestalten oder in eine bildhafte Form bringen. Diese Form sollte zu dem Text passen.

Eignung und Hinweise: Bei jüngeren Kindern muss oft noch eine Form vorgegeben werden. Jugendliche und Erwachsene können eigene Formen und Symbole entwickeln, die dem Textinhalt entsprechen.

Praxisbeispiel Kinder: »Liebet eure Feinde« (Mt 5,44) in Form eines Herzens oder als Jesus-Figur.

Praxisbeispiel Jugendliche: »Was ihr getan habt einem von diesen meinen geringsten Brüdern, das habt ihr mir getan« (Mt 25,40) in Form einer schützenden, bergenden Gestalt.

Schreibgespräch

Kurzinformation: Ein Bibeltext wird auf ein großes Blatt kopiert – mit viel freier Fläche darum. Um einen Tisch sitzt eine Kleingruppe. Es liegt nur ein Stift auf dem Tisch. Ohne Worte wird ein Kommentar zum Text geschrieben. Es wird vereinbart, ob kommentiert werden darf, was andere schreiben.

Eignung und Hinweis: Die Methode eignet sich für Jugendliche und Erwachsene, um die ersten Gedanken zu einem Text zu sammeln.

Praxisbeispiel: Vorlage für ein Schreibgespräch zu Lk 6,27–30 (»Liebet eure Feinde«) in: ReliBausteine Bibel, S. 73.

Perspektiven wechseln

Kurzinformation: Man schlüpft in die Rolle einer biblischen Figur und schreibt hierzu eine Geschichte (siehe auch »Perspektivisches Erzählen«, S. 28 sowie »Interview und Talkshow«, S. 38).

Eignung und Hinweise: Bereits Kinder ab acht Jahren können einfache Geschichten aus der Perspektive einer biblischen Gestalt schreiben. Es gibt aber auch vielfältige Literatur, die für diese Methode eine Hilfe sein kann – beispielsweise die Bibelromane von Arnulf Zitelmann oder Gerd Theißen: Der Schatten des Galiläers.

Praxisbeispiele:
- Das Tagebuch eines Kindes, das die Geschichte von »Jesus und den Kindern« miterlebt (Mk 10).
- Der Brief eines Hirten, der bei der Weihnachtsgeschichte nach Lukas dabei war.
- Die Meldung eines Soldaten über den Tod Jesu an seine Vorgesetzte.

Dilemmageschichte weitererzählen

Kurzinformation: Ein Text wird nicht vollständig gelesen oder erzählt, sondern in einer Problem- oder Dilemmasituation unterbrochen. Er kann auch auf einer Overheadfolie oder einem Arbeitsblatt abgedeckt sein. Lernende mutmaßen, wie die Geschichte weitergeht. Am Ende wird aufgelöst, wie sie endet.

Eignung und Hinweise: Als Schreibmethode ist ihr Einsatz ab Klassenstufe 3, als Erzählung bereits im Vorschulalter möglich.

Praxisbeispiele:
- Zachäus (Lk 19): Die Geschichte wird an der Stelle unterbrochen, als sich die Leute über das Verhalten Jesu aufregen.
  Impuls: *Was macht Jesus nun? Soll er mit Zachäus gehen oder nicht?*

- Der »gütige Vater« (Lk 15) ist eine biblische Dilemmageschichte, in der das Ende nicht aufgelöst wird.
  Impuls am Ende: *Wie wird sich der ältere Sohn nun verhalten?*

Aktualisieren des Bibeltextes

Kurzinformation: Der Bibeltext wird in heutige Denk- und Sprachbilder übertragen.

Eignung und Hinweise: Einen Text mit aktuellen Sprachbildern kann man ab 10 Jahren selbst erarbeiten.

Praxisbeispiele: Erzählbibeln seit den 1970er Jahren bieten Aktualisierungen in der Nacherzählung oder in Rahmenhandlungen an (z.B. Karel Eykman, Die Bibel erzählt, Gütersloh 1976; Wilfried Pioch, Die neue Kinderbibel, Hamburg 1989). Seit den 1980er Jahren wurden Bücher wie »Der große Boss« oder »Der Junior-Chef« verbreitet, die die Bibel »frech nacherzählten«.

Heute überträgt das Projekt »Volxbibel« (mitmachen@volxbibel.de) biblische Texte in die Sprache und Denkbilder junger Menschen. So kommt Jesus in einer »versifften Tiefgarage« zur Welt und wird in einen einen verrosteten Einkaufswagen gelegt. »Der gütige Vater« (Lk 15,11ff) klingt in der »Volxbibel« folgendermaßen:

> 11 Jesus erzählte mal wieder eine Geschichte: »Es gab mal einen Mann,
> der hatte zwei Söhne. 12 Irgendwann sagte der jüngere Sohn zum Vater:
> ›Papa, mir dauert es zu lange, bis du stirbst und ich meinen Teil von deinem Geld erben werde. Ich möchte das jetzt schon ausbezahlt bekommen.
> Geht das?‹ Der Vater ließ sich drauf ein und zahlte ihm die Kohle aus. 13
> Ein paar Tage später packte der Sohn seine Sachen zusammen und ging auf Weltreise. Er lebte in Hotels und in Spielcasinos, verzockte sein ganzes Vermögen in irgendwelchen Bars und Clubs, bis er pleite war.
> 14 Plötzlich gab es in der Zeit eine große Wirtschaftskrise im Land. Die Lebensmittelpreise stiegen immer höher und viele Menschen hatten nichts
> zu essen. Auch der Sohn bekam Hunger. 15 Immerhin kriegte er einen Job
> als Toilettenmann am Hauptbahnhof. Das war ein echt schlecht bezahlter, dreckiger und total unbeliebter Job.
> 16 Der junge Mann war so hungrig, dass er am liebsten die Essensreste, die Toilettenbesucher in den Müll warfen, gegessen hätte, aber noch nicht mal das durfte er.
> 17 Schließlich überlegte er hin und her: ›Zu Hause bei meinem Vater bekommt jeder Arbeiter in seiner Firma ein Mittagessen und ich sterbe hier fast vor Hunger!
> 18 Die beste Idee ist es wahrscheinlich, wieder nach Hause zu gehen. Dann sag ich zu ihm: Papa, ich habe großen Mist gebaut, ich hab mich von
> dir und auch von Gott entfernt! 19 Ich hab es auch echt nicht mehr verdient,
> zu deiner Familie dazuzugehören. Aber kannst du mir vielleicht irgendeinen Job in deiner Firma geben?‹«
>
> Lukas 15,11–19: volxbibel.de.

Bibel in Mundart übertragen

Kurzinformation: Die Bibel in die Sprache der Menschen zu übertragen bedeutet auch, Mundart einzubeziehen. Es gibt bereits viele Mundartbibeln, die zur Orientierung dienen können (https://bibel-gesangbuch.de/bibel/mundartuebersetzungen/).

Eignung und Hinweise: Die Methode eignet sich in Dialektgebieten. Grundlage einer Übersetzung sollte eine Bibelausgabe sein, die die Lernenden verstehen. So kann auch der Text einer Kinderbibel übertragen werden.

Praxisbeispiel: Gleichnis vom Barmherzigen Samariter auf Pfälzisch

Sellemols is äner vun denne, die sich mit de Heiliche Schrifde gut auskennen, zum Jesus kumme. Der hot de Jesus g'froocht, was des Wichdigschde im Lewe is.
Do hot en de Jesus g'froocht: »Was denkscht dann du, was fer dich des Wichdigschde is, was Gott vun uns hawwe will?«
Der Annere saacht: »Du sollscht Gott liewe vun ganzem Herz, un doin Nägschde, wie dich selwer aa'.«
»Recht hoscht«, saacht de Jesus.
»Awwer wer is dann moin Nägschde?« froocht do der Annere.
Um dem Schriftgelehrde zu zeiche, was dodemit genau gemäänt is, hot er em ä' Gleichnis verzählt:
»Ämol is äner unner die Raiwer g'falle. Die henn den z'ammegedrosche, ausgeraubt un dann äfach liche losse. Do is der beinoh g'storwe.
Zwee Leit vun soim eichene Volk, än Prieschder un än Tempeldiener, sinn an em vorbeig'schliche un henn em net g'holfe.
Noch denne zwee is än Samaridder kumme. Des war än Ausländer.
Der hot den arme Kerl net liche losse. Er hot en versorcht, uf soin Esel ufgelade un zu änere Herberch gebrocht. Dem Wirt hot er dann noch Geld gewwe, dass er sich um den Iwwerfallene kimmert.
So – was glaabscht dann du jetzt, wer fer den arme Kerl de Nägschde war?«
Do saacht de Schriftgelehrde: »Ei, der Barmherziche.«
Un de Jesus saacht zu em: »Du hoscht schunn widder Recht. Mach's im Lewe genau so wie der.«

Aus: Michael Landgraf, Erich Hollerith: Bibel uf Pälzisch, Heidelberg u.a., 3. Aufl. 2024

Bibel-Zeitung

Kurzinformation: Eine biblische Geschichte kann im Stil einer Zeitungsreportage übertragen und präsentiert werden. Zur Gestaltung des Artikels kann man das »BIBEL«-Logo verwenden (siehe unten), oder ein eigenes Logo entwerfen, das sich am Logo einer Tageszeitung orientiert.

Eignung und Hinweise: In der Regel werden Kinder im letzten Grundschuljahr im Fach Deutsch auf das Schreiben eines »Berichts« vorbereitet. So kennen sie die Grundlagen der Gestaltung eines Zeitungsartikels.

Praxisbeispiel: Nick Page, Bibelblatt. Der Weltbestseller in Schlagzeilen, 7. Aufl. 2014 (unten rechts). Das Buch bietet zu vielen Geschichten der Bibel Beispiele einer Übertragung.

Die Botschaft hör ich wohl

Jesus stellt unglaubliche Forderungen

BIBELBLATT EXKLUSIV

In seiner ersten Grundsatzerklärung hat Jesus von Nazaret die Armen und Besitzlosen in den Mittelpunkt gestellt. Seine Rede forderte jedoch zugleich zu einem ethischen Verhalten auf, das vielen als völlige Überforderung erscheint.

„Ich halte ihn nicht für besonders realistisch", sagte ein Zuhörer. „Er redete des öfteren davon, man müsse 'seine Feinde lieben'. Was soll nun das? Sobald man sie liebt, sind es keine Feinde mehr, oder? Dann muß man sich neue suchen, und das ist gar nicht so leicht."

Arme

Jesus unterstrich besonders die Bedeutung der Armut. „Selig sind die Armen", begann er seine Rede, „denn ihrer ist das Himmelreich".

Diese Botschaft fand breite Zustimmung bei seinen Zuhörern, auch wenn nicht alle seinen Ausführungen folgen konnten.

Aber nach diesem verheißungsvollen Einstieg stellte er immer neue Forderungen.

„Er behauptete, es sei genauso schlimm, an Mord zu denken, wie ihn tatsächlich auszuführen", sagte ein wütender Zuhörer. „Es war unglaublich. Ich hätte ihn umbringen können."

Zahnärzte

Auch die Zahnärzte gingen auf die Barrikaden, als er sich gegen Rache aussprach.

„Im Buch Exodus heißt es klipp und klar: Auge um Auge und Zahn um Zahn", sagte einer von ihnen. „Jetzt kommt ein Jesus daher und sagt, wir sollten alles anders machen. Es ist eine Schande. In Rachefällen haben wir Zahnärzte besondere Gebührensätze. Wenn es nach ihm geht, haben wir drastische Einkommenseinbußen."

Andere äußerten sich wohlwollender.

„Ich bin der Meinung, daß der Mann schon irgendwo recht hat", sagte einer. „Sie brauchen bloß in die letzten Jahrgänge des BIBELBLATTES zu schauen, und Sie können auf jeder Seite nachlesen, wohin dieser Racheunfug führt. Wenn wir fähig würden, einander zu vergeben und uns nicht gegenseitig zu verurteilen, dann könnten wir die Welt vielleicht wirklich verändern."

Bibel ins Bild setzen

Einführung

Alle Kunstgattungen haben sich der Bibel angenommen – ob Malerei, Grafik, Karikatur und Comic, Fotographie, Film, Bildhauerei oder Architektur. Besonders Illustrationen (»illustrare« bedeutet »erleuchten«, »erklären«, »preisen«) veranschaulichen biblische Geschichten.

Ein grundsätzliches Problem ist das Bildergebot in 2. Mose 20,4f. Im Judentum werden deshalb Bilder zu biblischen Geschichten abgelehnt. Demgegenüber gibt es im Christentum eine lange Tradition, Bilder zur Bibel und sogar von Gott zu gestalten. Sie wurden primär zu pädagogischen Zwecken eingesetzt (vgl. hierzu Michael Landgraf: Kinderbibel damals – heute – morgen, S. 5–31). Eine besondere Rolle spielten dabei Wandmalereien in Kirchen. Bis ins 18. Jahrhundert hinein stellte man biblische Szenen so dar, wie man seine Umwelt wahrnahm – mit der Mode und der Architektur der Zeit, in der man lebte.

Seit rund 200 Jahren werden Bibelgeschichten vornehmlich historisierend dargestellt. Damit verliert sich im Bild der Gegenwartsbezug.

Heute sind es besonders Illustrationen von Kinderbibeln, die einen Einfluss auf die Vermittlung biblischer Texte haben. Überschaut man die in der Religionspädagogik verwendeten Bilder, so kann man grob drei Formen unterscheiden:

- **Erzählbilder/ Darstellende Bilder** bilden biblische Geschichten ab, erzählen sie nach und regen zum Nachfragen an. Ihre Aufgabe ist die **Visualisierung einer Geschichte**.

- **Bilder zur Sachinformation** können Zeichnungen oder Fotos sein. Durch sie kann man etwas über die Zeit und Umwelt der Bibel, über Landschaften, Gebäude oder Personen lernen. Ihre Aufgabe ist die **Informationsvermittlung**.

- **Hermeneutische Bilder** tragen eine Botschaft in sich. Sie müssen intensiver betrachtet sowie gedeutet werden. In ihnen kann der emotionale Gehalt einer Geschichte ausgedrückt sein. Aufgabe hermeneutischer Bilder ist es, die **Tiefendimension der Geschichte** zur Sprache zu bringen.

Vor dem Einsatz eines Bildes sollte man prüfen:
- Entspricht die Illustration dem Bibeltext?
- Wie interpretiert das Bild den Text?
- Was kann das Bild bewirken?
- Kann ich pädagogisch oder theologisch den Einsatz des Bildes vertreten?
- Verstehen Lernende das Bild oder ist ein Vorwissen (z.B. über die Kunstrichtung) notwendig, um das Bild deuten zu können?

Der **Einsatz von Bildern** kann sehr unterschiedliche Zwecke verfolgen: Einstimmung, Hinführung, Besinnung, Problemstellung, Erarbeitung, Vertiefung, Festigung und Wiederholung.

Methodisch kann ein Einsatz erfolgen ...
- als **Bildbetrachtung** mit Leitfragen
- mit einer **Abdecktechnik** (Bildteile ab- und nacheinander aufdecken)
- als **Bildmeditation** (Stilleübung)
- als **Bildbefragung** (Fragen an das Bild stellen)
- als **Bildvergleich** (z.B. unterschiedliche Kinderbibel-Bilder zu einer Bibelstelle zeigen; Gemeinsamkeiten und Unterschiede herausfinden)
- als **Bildveränderung** (mit Farben gestalten, Teile übermalen, überkleben, herausschneiden ...)
- als **Bilderpuzzle**, bei dem zu einer Geschichte ein Bild präsentiert, kopiert, zerschnitten und neu zusammengesetzt wird.

Impulse für eine **ganzheitliche Erschließung von Bildern** können sein:
- Auf dem Bild sehe ich ... (Spontane Wahrnehmung)
- Wie ist das Bild aufgebaut? (Analyse der Formsprache)
- Was bedeuten die Bildelemente? (Deutung des Bildgehaltes)
- Welche Fragen / Erkenntnisse / Wünsche kommen in mir auf, wenn ich das Bild betrachte? (Bezug zur eigenen Lebenswelt)
- Was / welche Gefühle löst das Bild bei mir aus? (Emotionale Wahrnehmung)
- Mein Platz im Bild ist ... (Identifikation)

Bilder zeigen die Interpretation einer Bibelgeschichte. Deutlich wird dies am Beispiel vieler Jesus-Bilder. Jesus wird beispielsweise in der Romanik als souveräner Herrscher und in der Gotik als leidender Gottesknecht dargestellt. Heute zeigen Bilder von Jesus mit südamerikanischem, afrikanischem oder asiatischem Gesicht, wie Jesus im jeweiligen Kontext (»kontextuelle Theologie«) gesehen wird – als einer »von uns« (vgl. Michael Landgraf, Die Bibel elementar, S. 179–181 und 219–221. Wie Kinder Jesus darstellen, siehe S. 52).

Lernwege bildnerischen Gestaltens

Aus- und Anmalen von Bibelgeschichten

Kurzinformation: Nachdem eine Bibelgeschichte erzählt wurde, werden Ausmalbilder ausgeteilt. Sie dienen dazu, einen Ausschnitt der Geschichte genauer zu beachten und den Blick der Kinder darauf zu fokusieren. Zum Ausmalen können Buntstifte, Wachsmal- oder Wasserfarben verwendet werden.

Eignung und Hinweise: Die Methode wird gerne in Schule und Kinderkirche für Kinder im Alter zwischen drei bis acht Jahren eingesetzt. Die Umrisszeichnungen elementarisieren und interpretieren den Bibeltext. Die **Stärken** von Ausmalbildern liegen in der kurzen Vorbereitungszeit für Lehrende und im fertigen Darstellungskonzept. Die **Schwächen** liegen besonders in der Festlegung der Motive, teils auch in der theologischen Ungenauigkeit der Darstellungen und in der Gestaltung. Dadurch wird der kreative Nachdenk- und Schaffensprozess von Kindern gehemmt. Gesichter können stereotyp ein bestimmtes Bild der dargestellten Personen vermitteln (beispielweise von Jesus). Bei der Gestaltung von Engeln gibt es sowohl Darstellungen mit »Monsterflügeln« als auch Versuche, das Gedicht von Rudolf Otto Wiemer »Es müssen nicht Männer mit Flügeln sein« umzusetzen (siehe unten). Kinder denken und gestalten Engel in der Regel aber anders (siehe S. 52). Auch besteht die Gefahr, dass Szenen gegen den Text interpretiert werden. Viele Ausmalvorlagen zur Weihnachtsgeschichte bilden eine Evangelienharmonie, das heißt eine Zusammenschau der Weihnachtsgeschichten von Lukas (Hirten, Stall, Krippe) und Matthäus (Weise, Stern).

Links: Bilder von Paula Jordan (um 1940), rechts Rüdiger Pfeffer (DBG 2000)

Freies Malen und Gestalten

Kurzinformation: Ideal wäre es, wenn man Kindern ein leeres Blatt mit einem Impuls vorlegt und sie gestalten eine biblische Geschichte selbstständig. Doch selbst älteren Kindern fällt dies zunehmend schwer. Die Gründe liegen im gesteigerten Medienkonsum und im einhergehenden Verlust klassischer Freizeitbeschäftigungen. Immer weniger Eltern malen oder gestalten noch mit ihren Kindern. Die Schule oder die Kinderkirche können diese Defizite nicht ausgleichen. So erlebt man in Lerngruppen häufig eine große Spanne gestalterischer Fähigkeiten.

Eignung und Hinweise: Mit der Gesamtgruppe ist ein freies Gestalten frühestens ab Klassenstufe 3 möglich, wobei man Kindern, denen dies schwer fällt, Alternativen bieten muss.

Kinderbibel selbst gestalten

Kurzinformation: Einen Mittelweg zwischen einer Ausmalbibel und freiem Gestalten geht das Konzept der Kinder-Bibel zum Selbstgestalten. Symbole, angedeutete Hintergründe oder Gesichter bieten Kindern einen Anfangspunkt. So werden sie motiviert, weiter zu gestalten. Zentrale Symbole helfen, einen Fokus zu finden.

Eignung und Hinweise: Kinder können ab dem ersten Grundschuljahr mit dem Konzept arbeiten. Das dicke Papier und die Spiralbindung sind dafür geeignet, dass auch Gestaltmaterialien eingeklebt werden können. Regelmäßig eingesetzt halten die Kinder beispielsweise am Ende der Grundschulzeit oder in der Kinderkirche eine selbstgestaltete Kinderbibel in Händen.

Praxisbeispiel: Methoden im Umgang mit dem Konzept
- **Malen** mit Blei- und Buntstiften, Filzstiften, Wachsmalstiften oder Wasserfarben – figürlich oder abstrakt
- Einkleben von **Naturmaterialien**: Blätter (Baum), Stroh (Krippe), Vogelsand (Wüste), Wollfäden (Kleider, Szenen), Haare
- Einkleben von **Transparentpapier** für Symbole oder Hintergründe
- Zeichnen eines **Bibelcomics**
- Anfertigen einer **Collage** mit Bildern aus Zeitschriften oder mit Fotos Einkleben von **Fotos oder Fotoreportagen** von Rollenspielen, gebastelten Szenen oder gestellten biblischen Erzählfiguren
- Kopieren und Einkleben von **Bildern**, die man bereits angefertigt hat, Szenen oder Figuren aus aktuellen Kinderbibeln, Bildern aus der Kunst (z.B. Kunstpostkarten) oder Sachkundebildern
- Einkleben von **Liedern** zu Bibelgeschichten oder Fixieren eines selbst geschriebenen Liedes bzw. einer Vertonung biblischer Texte
- Schreiben eines **Bibelverses** oder **meditativen Textes** (Gebet, Psalm).

Praxisbeispiele: Selbst gestaltete Figuren und Szenen

- Beispiele 1: Jesus aus Deutschland, Peru und Ghana
- Beispiele 2: Engelszenen aus den Klassenstufen 1 bis 4
- Beispiele 3: Verwendung von Gestaltmaterial: Gewand des Pharao und Baldachin aus Wollfäden, Gewand des Barmherzigen Samariters aus Stoff, Maria mit eigenen Haaren.

Praxisbeispiel:
Kreative Kinderbibeln

In der Arbeit mit Kindern wird oft die Erfahrung gemacht, dass schön gestaltete Reli-Hefte oder tolle Präsentationen in der Kinderkirche auf dem Müll landen. Kreative Kinderbibelprojekte dokumentieren dagegen nachhaltig die Gestaltideen von Kindern und Jugendlichen, in Buchform oder digital. Inzwischen gibt es eine Reihe solcher Kreativprojekte.

- **Seißener Kinderbibel**. Holzgerlingen (Hänssler) 2000: Kinder des Dorfes Seißen (Schwäbische Alb) malten Bilder zu biblischen Geschichten.
- **Bemeroder Kinderbibel** (CD-ROM). Hg. von Wilfried Teichmann. Hannover-Bemerode 2004: Zum Jahr der Bibel 2003 gestaltete eine Grundschule in Bemerode Bilder und Szenen zu biblischen Geschichten. Die CD ist über das Pfarramt von Hannover-Bemerode erhältlich.
- **Pfälzer Kinderbibel**. Hg. von Heinz Scheuermann und Urd Rust. Speyer 2004: Teams der Kinderkirche in der Pfalz setzten sich ohne Vor- gaben kreativ mit Bibelgeschichten auseinanderzusetzen. Das Ergebnis zeigt vielfältige Lernwege (Bilder mit Buntstift- und Wasserfarben, Collagen, Tonpapierarbeiten, Kleistertechniken, Radierungen, Bibelcomics, Bilderrätsel, Fensterbilder, Kinderkino mit Tapetenrollen, bemalte Kacheln und Ziegel, Tonfiguren und getöpferte Szenen, Fotoreportagen eines Theaterstücks und Lieder). Bezug: www.kigo-pfalz.de.
- **Wandsbeker Kinderbibel**. Hg. von Christian Butt. Kiel (Wittig) 2005: Die Bilder wurden in einem einheitlichen Stil gestaltet. Die Texte werden einfühlsam und elementar nacherzählt – manchmal mit einem poetischen Einschlag. Ergänzt werden sie durch Kindergebete, Lieder und ein kindgemäßes »Lexikon über das Kirchenjahr.« Die Bibel ist nur noch antiquarisch erhältlich.
- **Holzgerlinger Kinderbibel**. Holzgerlingen (Hänssler) 2006: Kinder und Jugendliche des Dorfes Holzgerlingen wurden in das Projekt eingebunden. Wie die Pfälzer Kinderbibel zeigt sie eine Vielfalt von Lernwegen.
- Die **Weimarer Kinderbibel** startete 2011 und wird bis 2017 fortgeführt. Veröffentlicht wurden Bilder der Kinder in mehreren Teilbänden.

Siehe hierzu auch die »Kinderbibel zum Selbstgestalten« (S. 51), das Flens- burger Comic-Bibelprojekt (S. 56) und die Hamburger »Bravo«-Bibel (S. 58).

Bibelbuch und Leporello selbst gemacht

Kurzinformation: Aus einer Szenenfolge von Bildern zur Bibel kann man ein kleines Buch oder ein Leporello anfertigen. Die Bilder können aus einer Kinderbibel stammen oder selbst gestaltet werden.

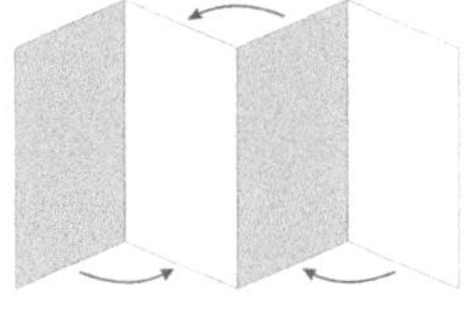

Eignung und Hinweise: Im Grundschulalter ist das Herstellen von Mini-Büchern und Leporellos gängige Methode. Für ein Leporello wird weißes Tonpapier (DIN A3) in etwa 15 cm breite Streifen geschnitten und zu einer »Ziehharmonika« geknickt. Die einzelnen Felder können zuvor gestaltet und auf das Leporello geklebt werden.

Gefühlsfarben

Kurzinformation: Hierzu kann man ein leeres Blatt oder auch die Schwarz-Weiß-Kopie eines Bildes (z.B. einer Kinderbibel) verwenden. Die Farben sollen die Gefühle innerhalb der Geschichte ausdrücken.

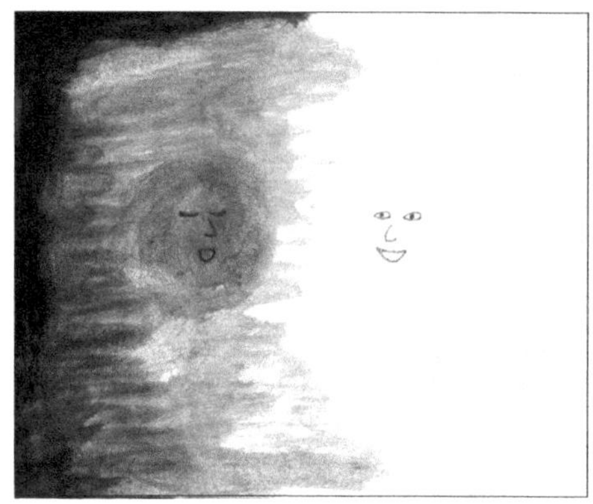

Eignung und Hinweise: Bereits im Vorschulalter ist diese Methode einsetzbar. Neben Bunt- und Wachsmalstiften sind Wasserfarben oder auch nasse Kreide auf schwarzem Karton ausdrucksstark.

Praxisbeispiel: Bartimäus
Zwei Gesichter (Bartimäus schaut traurig oder ruft um Hilfe / Bartimäus schaut freudig mit offenen Augen) werden auf einem leeren Blatt vorgegeben. Die Kinder gestalten den Übergang traurig – froh; dunkel – hell. Eindrücklich ist dies auch mit einer Schwarz-Weiß-Kopie der Bartimäus-Bilder von Kees de Kort. Impuls: *Drückt mit unterschiedlichen Farben aus: Wie geht es Bartimäus vor der Heilung, wie danach?*

Praxisbeispiel: Farbgestaltung hermeneutischer Bilder
Die Grafiken von Thomas Zacharias (z.B. »Der gute Hirte«) lassen sich als Schwarz-Weiß-Kopie gut mit Farben interpretieren.

Glasplatten oder Overhead-Folien gestalten

Kurzinformation: Mit nicht wasserlöslichen Farben kann auf eine Overhead-Folie oder auf Glas die Szene einer biblischen Geschichte aufgetragen werden. Eine weitere Möglichkeit ist das Schwärzen einer Glasplatte mit Kerzenruß. Mit einer Nadel wird in den Ruß ein Bild gekratzt.

Eignung und Hinweise: Hier müssen Lernende gute feinmotorische Fähigkeiten mitbringen. Einsatz ab zehn Jahren möglich.

Bibelcomic

Kurzinformation: Ein Bibelcomic fasst eine biblische Geschichte in einer Bildfolge mit Sprech- und Denkblasen sowie Erzählfeldern zusammen. Die Bilder werden frei gestaltet. Der Bibeltext kann als Zitat aufgenommen oder nacherzählt und Dialoge können neu gestaltet werden.

Eignung und Hinweise: Diese Methode erfreut sich besonders bei Jungs ab Klassenstufe 4 großer Beliebtheit. Sie kann in Verbindung mit dem Kunstunterricht oder im Rahmen eines Projekts (S. 56–57) eingeübt werden.

Praxisbeispiel: *Jeremia-Comic*

Aus der Pfälzer Kinderbibel (siehe S. 53).

Jesus-Comicbuch der Kirchengemeinden in Flensburg (Pfingsten)

Praxisbeispiel: Flensburger Jesus-Comic
Mehr als 200 Konfirmand/innen aus dem Kirchenkreis Flensburg hatten 2007 den »allerersten von Konfirmanden gezeichneten Jesus-Comic« umgesetzt. Verantwortet wurde das Projekt von Jörg Jeske (Pastor für Konfirmandenarbeit im Kirchenkreis Flensburg) und Pastor Johannes Ahrend (Kirchengemeinde Sieverstedt). Nachdem eine Vorauswahl der Bibeltexte (meist Lukas) getroffen worden war, führte ein Grafiker in die Methode des Comiczeichnens ein. Die Bibelstellen wurden besprochen und die Konfirmand/innen erarbeiteten gruppenteilig die Szenen. Zunächst wurde ein Bild mit Bleistift gezeichnet und im Austausch mit den Mitarbeiter/innen verfeinert. Danach wurden mit Finelinern die Linien fixiert, Hilfslinien wegradiert, fotokopiert (»gesichert«) und eventuell verkleinert oder vergrößert sowie Ölkreide (Farbe) aufgetragen. Am Ende wurde das Bild gescannt, mithilfe eines Beamers präsentiert und gemeinsam interpretiert (»Wie beurteilst du diese Szene?«).

Inhaltlich beginnt das Buch mit der Geburtsgeschichte und »Erwartungen auf dem Weg zur Krippe«, in denen Konfis ihre Erwartungen einbrachten (beispielweise »Ich will Frieden«; »Ich will mächtiger als ein Vampir sein«). Der Taufe Jesu, der Versuchungsgeschichte und der Jüngerberufung folgen die Bergpredigt, Gleichnisse, Wunder- und Heilungsgeschichten. Bei Texten wie den »Arbeitern im Weinberg« oder dem »Gastmahl« konnten die Konfis ihre Meinung darstellen (»Was soll denn das?«; »Was der wohl von uns will?«). Auch schwierige Texte wie »Jesus und die Ehebrecherin« wurden nicht ausgespart.

Das Buch wandte sich an »Comicfreunde« und wünscht »spannende Entdeckungen« bei der »schönsten und aufregendsten Geschichte der Welt«. Es kann als Grundlage für ein eigenes Bibelcomicprojekt dienen.

Die Bilder zeigen, wie die Jugendlichen in die Methode des Comic-Zeichnens eingeführt wurden – mithilfe von Biegefiguren und elementaren Strichzeichnungen.

Hinweis: Die Comic-Bibel. 60 Bibel-Geschichten als spannendes Graphic Novel. Düsseldorf 2015.

Fotoreportage

Kurzinformation: Von einem Standbild, einer Bilder-Folge, einem Rollenspiel oder einer Aufführung wird eine Fotoreportage gestaltet. Hilfreich ist es, zuvor ein Drehbuch zu schreiben oder eine eigene Nacherzählung hinzuzufügen (siehe S. 77 das Beispiel zu Zachäus).

Eignung und Hinweise: Bereits im Vorschulalter können Kinder in ein szenisches Spiel eingebunden werden. Tücher, Kostüme und Materialien für Hintergrundszenen sollten bereit liegen (siehe hierzu auch die Anmerkungen zu »Bibel in Szene setzen«, S. 71).

Praxisbeispiel: Kinderevangelium
Kinder spielen die Geschichte »Jesus und die Kinder« nach. Das Foto zeigt die abweisenden Jünger (aus der Pfälzer Kinderbibel, siehe S. 53).

Praxisbeispiel: »Bravo«-Bibel
Eine »Bravo«-Bibel entstand 2006 durch Schüler/innen der 10. und 11. Klasse in Hamburg unter der Leitung ihrer Lehrerin Meike Dosda. Die Jugendlichen waren kaum religiös sozialisiert, viele nicht getauft oder gehörten einer anderen Religion an. Auf einer Wochenendfreizeit stellten sie sich dem Thema »Liebe«. Worte zur Liebe wurden aus der Bibel zusammengestellt und auf einer Seite präsentiert. Als Fotoreportage wurde die Geschichte von Marias Schwangerschaft (Mt 1; Lk 1) bearbeitet. Die Jugendlichen griffen Impulse aus ihrer Lebenswelt auf: die Foto-Love-Story der Zeitschrift »Bravo«, das Beratungsangebot »Dr. Bibel«, Werbung und die »Holy Charts«. Das Heft eignet sich als Ideensammlung, selbst biblische Geschichten mit älteren Kindern und Jugendlichen umzusetzen.

Collage

Kurzinformation: Collagen können mit Papier, Stoffen, Naturmaterialien, mit eigenen Fotos oder mit Zeitungsausschnitten aus Illustrierten zu einer eigenen Komposition zusammengefügt werden.

Eignung und Hinweise: Bereits im frühen Grundschulalter ist die Methode durchführbar. Ausreichend Material sollte vorhanden sein. Es ist auch eine Mischung aus gemalten Elementen, Zeitschriftenbildern und Fotos möglich.

Praxisbeispiel: Collage zur Schöpfungsgeschichte aus der Pfälzer Kinderbibel (siehe S. 53; Hintergrund mit Wasserfarben gemalt, mit Zeitschriftenbildern von Tieren und eigenen Fotos ergänzt).

Fensterbild

Kurzinformation: Ein Fensterbild ist durchsichtig (aus Transparentpapier oder Glas) und dient zur Gestaltung eines Fensters.

Eignung und Hinweise: Ein Fensterbild kann bereits im Vorschulalter gestaltet werden. Dazu eignen sich ein fester Kartonrahmen und Transparentpapier. Mit älteren Kindern kann auch mit farbigem Glas gearbeitet werden. Vorgefertigte Fensterbilder als Ausschneidebögen mit biblischen Motiven gibt es u.a. beim Aue-Verlag Möckmühl (www.aue-verlag.de).

Kinderkino mit Tapetenrolle

Kurzinformation: Mithilfe einer Tapetenrolle und Farben (z.B. Wasserfarben, Wachsmalstiften, Fingerfarben o.ä.) wird eine Bibelgeschichte in einer Bildfolge als Kinderkino gestaltet.

Eignung und Hinweise: Für Kinder ab acht Jahren. Zunächst wird die Anzahl der Bilder festgelegt. Auf einem Tapeziertisch oder auf dem Boden wird die Rolle ausgebreitet. Sie kann von mehreren gleichzeitig gestaltet werden. Bei längeren Erzählkomplexen wie der Ostergeschichte kann so eine gesamte Klasse eingebunden werden.

Figürliches Gestalten mit Ton, Knetmasse, Figuren, Steinchen

Kurzinformation: Mit unterschiedlichen Materialien wie Ton, Knetmasse oder Figuren kann eine biblische Szene dreidimensional gestaltet werden.

Eignung: Bereits im Vorschulalter kann diese Methode eingesetzt werden. Man kann dazu Spielfiguren eines »Mensch-ärgere-dich-nicht«-Spiels, biblische Erzählfiguren, Playmobil- und Lego-Figuren, Puppen, selbst gefertigte Figuren aus Knetmasse oder aus Ton sowie kleine Stabfiguren für ein Schuhkartontheater verwenden.

Praxisbeispiel: *Exodusgeschichte*
Mit einer blauen Plastikfolie, einem Untergrund aus Erde, einer Papierpyramide, hellen und dunklen Spielfiguren und einer Feuersäule aus Pappe kann man den Durchzug durchs Schilfmeer gestalten (Foto unten links).

Praxisbeispiel: *Krippe aus Ton* (Foto rechts aus der Pfälzer Kinderbibel)

Bibel musizieren

Einführung

Bis in die 1960er Jahre war in der Ausbildung von Religionslehrer/innen die aktive Kenntnis religiöser Lieder Pflicht. Heutzutage haben Lehrende oft Probleme mit Musikmethoden im Unterricht. Während in der Grundschule das Singen noch problemlos »funktioniert«, scheuen sich viele, in der Sekundarstufe Musik als Methode einzusetzen. Dabei ist der Einsatz von Musik nicht auf das Singen beschränkt. Viele Popsongs setzen sich mit biblischen Themen und Motiven auseinander. Dazu kommt, dass eine große Anzahl an Liederbüchern zur Bibel sowie Hilfsmittel in Form von CDs zur Verfügung stehen.

Die **Gesangbücher** der jeweiligen Konfessionen enthalten Lieder zu biblischen Geschichten (z.B. »Biblische Gesänge«, EG 270–315). Auch gibt es unzählige **Erzähllieder** zur Bibel. Viele stammen von Autoren wie Rolf Krenzer oder Detlev Jöcker. Empfehlenswert sind die »Bibelhits, 100 Kinderlieder zum Alten und Neuen Testament«, von Eckhart Bücken und Reinhard Horn, Lippstadt 2003 (Liederbuch und CD).

Für die Arbeit ab elf Jahren eignen sich **Gospels**, die biblische Motive verarbeiten. Schließlich kann man selbst aktiv werden, indem man Bibellieder als Sprechgesang oder zu einer bekannten Melodie verfasst.

Musik-Methoden zur Bibel im Überblick

Spurensuche: Musik mit biblischen Motiven

Kurzinformation: Sowohl klassische Musikrichtungen (Gospels, Choräle, »Passionen«) als auch die aktuelle Popmusik (Rock- und Popsongs, »White Metal«, Reggae und Hip-Hop/Rap) verarbeiten biblische Inhalte.

Lehrende können ein Musikstück vorführen und nach den darin enthaltenen biblischen Motiven suchen lassen. Alternativ können Lernende in ihrem Umfeld nach Musikstücken und Liedern mit biblischen Elementen recherchieren.

Eignung und Hinweise: Die Methode ist für ältere Kinder und Jugendliche geeignet, die ihre Musik bewusst wahrnehmen. Anspruchsvoll ist beispielsweise die Arbeit mit den großen »Passionen« (z.B. Matthäus-Passion von Johann Sebastian Bach).

Praxishilfe zum Einsatz aktueller Popmusik:
Das Praxishandbuch »Musik in Schule und Gemeinde« von Peter Bubmann und Michael Landgraf, (Stuttgart 2006) bietet einen Methodenüberblick sowie Artikel, u.a. zu Sprechgesang, Populäre Musik im Religionsunterricht und Musikvideoclips. Eine Literaturliste ermöglichen einen umfassenden Zugang zum Thema.

Praxisbeispiel: *Popsong und Bibel vergleichen*
Sabrina Settlur: »Das will ich sehen«.

Das will ich sehen … Ich will sehen, wie sein Zelt bei den Menschen ist und er bei ihnen weilt. Das will ich sehen. Ich will sehen, wie sie seine Völker sind und er selbst bei ihnen ist.
Das will ich sehen. Das will ich sehen.
Ich will sehen, wie Wolf und Lamm einträchtig weiden und der Löwe Stroh frisst wie ein Stier.
Ich will sehen, wie kein Schaden gestiftet wird noch irgendwie Verderben auf seinem ganzen heiligen Berg.
Das will ich sehen.
Ich will sehen, wie er Kriege aufhören lässt bis an das äußerste Ende der Erde. Das will ich sehen.
Ich will sehen, wie sie ihre Schwerter zu Pflugscharen schmieden.
Das will ich sehen. Das will ich sehen.
(REFRAIN)
Ich will sehen, wie er jede Träne von ihren Augen abwischt und der Tod nicht mehr ist.
Ich will sehen, dass weder Trauer. noch Schmerz, noch Geschrei mehr sind, weil sie mit den früheren Dingen vergangen sind. Das will ich sehen. Das will ich sehen.
Ich will sehen, wie die Augen der Blinden geöffnet werden und die Ohren der Tauben aufgetan werden.
Ich will sehen. wie der Lahme klettert wie ein Hirsch und der Stumme jubelt.
Das will ich sehen. Das will ich sehen.
(2 x REFRAIN)
Ich will sehen, wie die ganze Erde mit seiner Erkenntnis erfüllt ist, wie die Wasser das ganze Meer bedecken.
Ich will sehen, wie sie nicht mehr hungern und auch nicht mehr dürsten.
Das will ich sehen. Das will ich sehen.
Ich will sehen, wie die Sanftmütigen die Erde besitzen. Das will ich sehen.
Ich will sehen, wie der Gerechte aufblüht wie eine Palme. Das will ich sehen. Das will ich sehen. (REFRAIN)
Ich will sehen, wie die Stunde kommt, in der alle, die in den Gedächtnis-Grüften sind, seine Stimme hören und herauskommen.
Ich will sehen, wie die Gerechten selbst die Erde besitzen werden und sie immerdar darauf wohnen werden.
Das will ich sehen. Das will ich sehen.
Ich will sehen, wie das Meer diejenigen Toten herausgibt, die darin sind, und der Tod und der Hades diejenigen Toten herausgeben, die darin sind.
Das will ich sehen. Das will ich sehen.
(REFRAIN)

Aus: Sabrina Settlur, Die S-Klasse

Biblische Bezüge
Jes 2,4; Jes 35,5–6; Jes 65,25; Mt 5,5–10; Off 21,3–4

Impulse im Umgang mit dem Song
☞ Nenne Botschaften des Liedes.
☞ Vergleiche das Lied mit den Bibeltexten.
☞ Wie werden Gott und der Mensch dargestellt?

Tanz und Bewegung zu Bibelliedern

Kurzinformation: Ein Bibellied wird eingeübt. Dann werden Bewegungen oder Tanzschritte zu dem Lied vorgegeben oder selbst entwickelt.

Eignung und Hinweise: Bereits Vorschulkinder können diese Methode umsetzen. Es gibt eine Fülle von Materialien hierzu. Eigene Bewegungen und Tanzschritte können Kinder ab etwa acht Jahren kreativ selbst entwickeln.

Praxishilfen mit Tänzen zu biblischen Geschichten sind z.B. Elke Hirsch, Kommt, singt und tanzt (mit CD) oder Siegfried Macht, Kleine Leute – große Töne (mit CD).

Praxisbeispiele

Eine Gruppe steht im Kreis und schaut zur Mitte.

Vers	Bewegung
Wo zwei	Zwei Finger werden gezeigt.
oder drei	Drei Finger werden gezeigt.
in meinem Namen	Hand zeigt nach oben.
versammelt sind.	Alle fassen sich an den Händen.
Da bin ich mitten	Hand in Hand im Kreis gehen.
unter ihnen.	Stehen bleiben.

Nach Matthäus 18,20. Melodie: Traditionell oder eine eigene Melodie schaffen.

Vers	Bewegung
Wie ein Leib sollt ihr sein,	Alle fassen sich an den Händen.
den Jesus zusammen hält.	Einen Schritt aufeinander zugehen.
Seid Kopf und Hand,	An den Kopf und die Hand fassen.
Seid Mund und Bein.	An den Mund und das Bein fassen.
Niemand ist auf sich gestellt.	Mit dem ausgestrecktem Zeigefinger eine verneinende Geste machen.

Nach 1. Kor 12. Hier kann man eine eigene Melodie gestalten.

Bibeltexte vertonen

Kurzinformation: Mithilfe von Orff-Instrumenten oder allem, was Geräusche macht (z.B. Regenstab, Töpfe, Rasseln), können biblische Texte in Töne umgesetzt werden. Dazu wird der Text in Abschnitte unterteilt. Entweder gestalten jeweils Kleingruppen die gesamte Komposition oder die Textabschnitte werden aufgeteilt. Einzeln, in Partner- oder Gruppenarbeit überlegt man sich, welcher Sound zum jeweiligen Textabschnitt passt.

Eignung und Hinweise: Bereits im Vorschulalter, aber auch mit Jugendlichen und Erwachsenen ist die Methode umsetzbar. Es sollten genügend Instrumente bzw. Geräuschemacher vorhanden sein, damit man eine Auswahl hat. Auch kann ermutigt werden, Geräusche einzubeziehen, die mit dem Körper erzeugt werden (Pfeifen, Klatschen).

Praxisbeispiel: Umsetzung der Schöpfungsgeschichte

Biblischer Text: Schöpfungsgeschichte	**Gruppe mit Orffinstrumenten (mögliche Umsetzung)**
Im Anfang schuf Gott Himmel und Erde.	»Urknall« mit einer Trommel
Und die Erde war ein Durcheinander (Hebräisch: ein Tohuwabohu).	Alle Instrumente und Stimmen erzeugen ein chaotisches Durcheinander
Gott sprach: Es werde Licht – und es ward Licht.	Triangel
Gott sprach: Es werde ein Firmament und er nannte es Himmel.	Windgeräusche
Gott trennte Wasser vom Land.	Regenstab
Er machte alle Pflanzen.	Holzxylophon und Holzstäbe
Er schuf die Wassertiere und Vögel.	Plätschern (Wasser) und Vogelgezwitscher (Pfeifen)
Er machte alle Lebewesen.	Verschiedene Tierlaute und Trommeln
Schließlich schuf er die Menschen.	Leiser Trommelrhythmus
Und er sah, dass es gut war.	Glockenspiel
Am Ende ruhte Gott.	Trommelschlag – eine Minute Ruhe – Trommelschlag

Mehr zu der Methode in: Peter Bubmann / Michael Landgraf, Musik in Schule und Gemeinde, Stuttgart 2006, S. 251ff.

Praxisbeispiel: Vorlage für »Der gütige Vater« (Lk 15,11ff)

☞ Welche Geräusche passen zu den Szenen?
Probiert es aus und notiert euer Ergebnis in die rechte Spalte.

Der gütige Vater (Lk 15,11ff)	**Umsetzung**
Ein Mann hatte zwei Söhne.	
Der jüngere Sohn fordert sein Erbteil.	
Der Sohn zieht in die Ferne.	
Er verprasst das Geld.	
Der Sohn ist arm.	
Der Sohn muss Schweine hüten.	
Der Sohn leidet Hunger.	
Der Sohn geht nach Hause zurück.	
Der Vater rennt auf den Sohn zu.	
Der Vater umarmt den Sohn.	
Ein Fest wird gefeiert.	
Der ältere Sohn kommt heim.	
Der Diener berichtet ihm.	
Der ältere Sohn ärgert sich.	
Der Vater spricht mit ihm.	

Praxisbeispiel: *Vaterunser-Rap*
Das Vaterunser kann mit einem Rhythmus unterlegt werden. Von einer Schülergruppe der Klassenstufe 5 stammt folgendes Beispiel:

Vater unser im Himmel, geheiligt werde dein Name

Dein Reich komme, dein Wille geschehe, wie im Himmel so auf Erden

unser täglich Brot, gib uns heute, und vergib uns unsere Schuld,

wie auch wir vergeben unsren Schuldigern.

Und führe uns nicht in Versuchung,

sondern erlöse uns von allem Bösen.

Denn dein ist das Reich und die Kraft und die Herrlichkeit in Ewigkeit, Amen!

Denn dein ist das Reich und die Kraft und die Herrlichkeit in Ewigkeit, Amen!

Vaterunser-Rap aus: Michael Landgraf, Jugendkulturen, RPH 2/1997

Bibel-Lieder selbst gemacht: Rap und Badewannenmelodie

Kurzinformation: Lieder können auch selbst gemacht werden. Dies ist einfacher, wenn man nicht selbst eine Melodie komponieren muss. Zwei Wege hierfür sind:

- Beim **Sprechgesang** (Rap / HipHop) wird ein Rhythmus von etwa 80 Schlägen pro Minute (= Pulsschlag) vorgegeben. Der Rhythmus wird mit Fingern geschnippt, auf den Schenkeln geklopft oder geklatscht. Kinder oder Jugendliche schreiben Verse und einen Refrain in Reimform.
- **Badewannenmelodien** sind bekannte Rhythmen, die man in der Badewanne oder im Auto vor sich hinträllert. Die eingängige Melodie sollte allerdings ein Großteil der Gruppe kennen. Auch hier werden Reime gedichtet.

Eignung und Hinweise: Ab etwa neun Jahren können Kinder solche biblischen Lieder gestalten. Jugendliche bevorzugen den Rap-Rhythmus, weil er keine Melodie voraussetzt. Beliebte Badewannenmelodien sind »Er hält die ganze Welt in seiner Hand«, »Bruder Jakob« oder »Go, tell it on the mountains«.

Weitere Informationen und Praxisbeispiele in: Peter Bubmann / Michael Landgraf: Musik in Schule und Gemeinde, Stuttgart 2006, S. 246f (Badewannenmelodie); S. 315–334 (Sprechgesang – HipHop, Rap).

Praxisbeispiel: Mose-Rap (2. Mose 1; Klasse 4)

Refrain: Mose, Mose, habe Mut, befrei dein Volk, dann geht's ihm gut|	*Mose, Mose, habe Mut, befrei dein Volk, dann geht's ihm gut|*
Viele Jahre sind vergangen, Josef ist schon lange tot, da kommt ein neuer König, die Israeliten sind in Not.	*Sie müssen Städte bauen, aus Lehm und Wüstensand, jeden Tag nur schuften,als Sklave in dem Land …*

Praxisbeispiel: Rap zum ersten Schöpfungslied (1. Mose 1,1–2; Klasse 5)

Hey, Leute, hört,
ich will euch was erzählen.
Und ich werde euch
damit bestimmt nicht quälen.
Was haltet ihr von dieser Welt?
Ich kann nicht verstehn,
dass sie manchen nicht gefällt.
Am Anfang sah das alles anders aus.
Zuerst war da Chaos
und für uns blanker Graus.
Gott dachte bei sich:
»Jetzt werde es bald hell«!
Und da wurd' der Himmel,
plötzlich ganz schön grell.
Es wurde immer nasser,
denn nun kam das Meer.
Da dachte Gott bei sich
jetzt muss Land noch her.
Doch bisher sah das Land,
aus wie eine Wüste.
Da dachte Gott bei sich,
dass etwas wachsen müsste.
Er schuf viel Grünzeug,
Gras und Bäume.
doch hatte er daneben
auch noch andere Träume.
Als geschaffen waren,
all die Pflanzen,
da dachte er: »Es wäre schön,
zu haben auch noch Wanzen«.
Im Wasser leben Tiere,
groß und klein,
Die Luft war noch sauber,
das Wasser war noch rein.
Die Vögel wurden dann,
auch noch geschaffen
am Ende kamen auch noch,
eine Horde Affen.
Schließlich schuf er dann,
was jetzt noch fehlt,
so kamen auch die Menschen
auf diese Welt.
Sie sollten sich vermehren,
bewahren und bebauen,
und sich nicht immer
die Köpfe einhauen.
Doch wenn wir heute
die Welt ansehen,
kann einem schon die Lust
an allem vergehen.
Gott kann heute,
gar nichts mehr machen.
Die Menschen tun
viel zu dumme Sachen.
Die Luft ist verseucht,
alles keucht und fleucht.
Das Wasser ist nicht rein,
wie es sollte sein.
Pflanzen sind verdorben,
Tiere ausgestorben.
Schluss mit dem Elend,
hier in der Gegend –
und überall,
auf dem Erdenball.

Paxisbeispiel Badewannenmelodie: »Zachäus war ein Zöllner«
Melodie: »Er hält die ganze Welt …«.

Zachäus war ein Zöllner – in Jericho. Keiner mag ihn – in Jericho, denn er dient den Römern – in Jericho. Ja so war das in Jericho. Da kam Jesus – nach Jericho. Jeder wollt ihn sehen – in Jericho. Auch Zachäus – in Jericho. Ja so war das in Jericho. Doch Zachäus war zu klein – in Jericho. Und so stieg er auf den Baum – in Jericho. So konnt' er Jesus sehen – in Jericho. Ja so war das in Jericho. Jesus schaut zu ihm herauf – in Jericho, und er spricht ihn an – in Jericho. »Ich will heute dein Gast sein« – in Jericho. Ja so war das in Jericho … …	

☞ Schreibe das Lied weiter.

Praxisbeispiel: *Lied zu den Namen biblischer Bücher*
Schon lange Zeit existiert ein Gedicht für das Lernen der Namen biblischer Bücher. Als Lied umgesetzt kann das Gedicht beim Thema »Die Bibel als Buch« eingesetzt werden (Klassenstufe 3 bis 5). Es ist mit verschiedenen Melodien singbar. Beliebt ist »Auf de Schwäbsche Eisebahne« (Gitarrengriffe stehen über dem Text). Auch die Melodie der Nationalhymne wurde ausprobiert. Alternativ kann der Text als Sprechgesang umgesetzt werden.

G   C
In des Alten Bundes Schriften – merke dir an erster Stell:
D   G   C   D   G
Mose, Josua und Richter – Ruth und zwei von Samuel.
G   C
Zwei der König, Chronik, Esra – Nehemia, Esther mit,
D   G   C   D   G
Hiob, Psalter, dann die Sprüche – Prediger und Hoheslied.

Jesaja, Jeremia – Ezechiel und Daniel,
dann Hosea, Joel, Amos – Obadja und Jona's Fehl. Micha, welchem Nahum folget – Habakuk, Zephania, nebst Haggai, Sacharja – und zuletzt Maleachia.

Apokryphen:
Judith, Weisheit und Tobias – Sirach, Baruch und sodann
Makkabäer, Stück in Esther – und was Daniel getan
Mit Susanna, Bel dem Drachen – Asarja's ernste Bitt,
samt dem Lob im Feuerofen – und Manasses Tränenlied.

In dem Neuen steht Matthäus – Markus, Lukas und Johann,
samt den Taten der Apostel – unter allen vornean.
Dann der Römer, zwei Korinther – Galater und Epheser,
die Philipper und Kolosser – beide Thessalonicher.
An Timotheus und Titus – Philemon und Petrus zwei,
drei Johannes, der Hebräer – Jakob, Judas Brief dabei.
Endlich schließt die Offenbarung – das gesamte Bibelbuch.
Mensch, bewahre was du liest – dir zum Segen, nicht zum Fluch.

Lieder in Szene setzen

Kurzinformation: Die »Kür« der Bibel-Musikmethoden ist die Aufführung eines Singspiels oder Bibel-Musicals. Man kann dazu Vorlagen übernehmen (beispielsweise Singspiele wie »Diese Erde ist dein Garten«, siehe S. 70), Einzellieder neu im Zusammenhang mit der Bibelgeschichte zusammenstellen oder selbst komponierte Lieder (z.B. im Sprechgesang) einbinden.

Eignung und Hinweise: Die Aufführungen von Singspielen und Kindermusicals sind, bei guter musikalischer Vorbereitung (Kinderchor; Zusammenarbeit mit dem Musikunterricht) bereits im Grundschulalter möglich. Allerdings bedürfen solche Singspiele einer langen Vorbereitung. Man braucht ältere Kinder, die tragende Sprech- und Gesangsrollen übernehmen. Lehrende müssen keine musikalischen Profis sein, doch wäre eine gewisse Sicherheit im Singen und Instrument-Spiel Voraussetzung.

Praxishilfen: Einen guten Überblick über aktuelle Singspiele mit Begleit-CDs bietet die website: www.theologische-buchhandlung.de/kindermusical.htm.

Praxisbeispiel: *Diese Erde ist dein Garten*
Das Singspiel für Kinder von Dieter Stork und Matthias Nagel bietet umfassendes Material mit Begleit-CD, Liederheft für Kinder und Arbeitsmaterial für den Unterricht zum Thema Schöpfung/ Gen 1–3/ Ps 104 (Stuttgart 2009). Die Hilfen reichen aus, dass damit auch Nichtmusiker/innen erfolgreich ein Singspiel ausprobieren können.

Praxisbeispiel: *Singspiel zu Zachäus*
Eine Konfirmandengruppe hat im Rahmen einer Freizeit die Zachäus-Geschichte in Szene gesetzt. Dabei hat sie folgende Lieder verwendet:

Szene	**Lieder der Jugendlichen**
Jesus zieht nach Jerusalem. Alle wollen Jesus sehn.	Jesus singt die erste Strophe des Liedes: »Heute hier, morgen dort« (Hannes Wader)
Zachäus ist ein Zöllner, den keiner mag. Er ist zu klein und steigt auf einen Baum.	Zachäus singt den Refrain: »Über den Wolken« (Reinhard Mey)
Jesus kommt und spricht mit Zachäus. Die Leute sind empört.	Die Leute singen eine Umdichtung des Liedes »Was soll das?« (Herbert Grönemeyer)
Jesus ist bei Zachäus zu Hause. Zachäus freut sich und sagt, dass er alles wieder gut machen möchte. Jesus sagt: »Gott freut sich über dich.«	Alle singen den Refrain »Sing Halleluja« (Dr. Alban)

Bibel in Szene setzen

Einführung

Ein klassischer handlungsorientierter Lernweg ist die Umsetzung biblischer Geschichten in Szenen – vom Krippen- bis zum Passionsspiel. Heute gibt es viele unterschiedliche Formen: Von einzelnen Spiel- und Dialogszenen bis zum fertigen Singspiel. Elemente der Gestaltpädagogik, die lange Erfahrung mit Rollenspielen und dem Bibliodrama sowie die aktuelle Diskussion um eine *performative Bibeldidaktik* geben einen Anhalt, dass die szenische Umsetzung als eine der zentralen Methoden für die Auseinandersetzung mit Bibelgeschichten gilt (vgl. hierzu Silke Leonard/ Thomas Klie: Schauplatz Religion. Grundzüge einer Performativen Religionspädagogik, Leipzig 2006, S. 149).

Bei der Vorbereitung eines szenischen Spiels sollte besonders die Inszenierungsfähigkeit der Lehrenden bedacht werden. In der Regel gilt bei allen szenischen Lernwegen, dass diese behutsam eingeführt werden müssen. Kinder und Jugendliche sollten ein Körpergefühl für die »Performance« entwickeln. Daher sei folgendes Vorgehen vorgeschlagen:

- Zu Beginn sollten **wort- und bewegungslose Aktionsformen** stehen – als Standbild, als Schattentheater (S. 77) oder auch mit »Fremd-Körpern« (z.B. Biblische Erzählfiguren).
- Dann werden **Bewegungen** in die Darstellung einbezogen. Dies kann ebenfalls mit »Fremd-Körpern« (Stabfiguren) bis hin zur Pantomime geschehen.
- Schließlich wird **Sprache** in Formen wie Rollenspiel und Bibliodrama oder **Musik** im Singspiel oder Musical einbezogen.

Spiel-Methoden

Standbild und Bildfolge

Kurzinformation: Ein Standbild (= Einzelbild) oder eine Bildfolge sind klassische Beispiele für ein wort- und bewegungsloses Spiel. Sie sind als Einstiegsmethode in das darstellende Spiel besonders geeignet.

- **Einzelbild (Standbild):** Eine Gruppe bekommt die Aufgabe: *Ihr lest / hört eine Bibelgeschichte. Ihr seid Fotoreporter und dürft nur ein Foto machen. Was ist für euch die wichtigste Szene?* Die Gruppe wird in etwa 4 –8 Personen geteilt und »stellt« die Szene.
- **Bildfolgen (Fotoreportagen):** Eine Gruppe bekommt die Aufgabe: *Ihr lest / hört eine Bibelgeschichte. Ihr seid Fotoreporter und dürft eine*

Fotoreportage von drei bis fünf Bildern machen. Was sind für euch die wichtigsten Szenen der Geschichte?
Die Gruppe wird in etwa 4–8 Personen geteilt und »stellt« die Szenen.

Eignung und Hinweise: Standbilder sind bereits ab dem frühen Grundschulalter, selbstgestaltete Bildfolgen ab Klassenstufe 3 möglich.

Durch die Konzentration auf eine einzelne Szene oder auf wenige Bilder müssen die Lernenden die Geschichte reflektieren und eine Auswahl treffen. Beim Stellen der Szene sollten sie unterschiedliche Rollen einnehmen: So können Personen, Bäume, Tiere oder Gegenstände dargestellt werden. Durch heftige Armbewegungen kann ein Sturm oder durch ein strahlendes Gesicht mit ausgebreiteten Armen die Sonne simuliert werden. Die Darsteller/innen sollten auf eine eindeutige Haltung, Mimik oder Gestik achten.

Die Ergebnisse der Kleingruppen werden dann im Plenum vorgestellt. In der Auswertung können Beobachtungsfragen an diejenigen gestellt werden, denen das Standbild / die Fotoreportage gezeigt wird:

- Was seht ihr? (Aufbau, Gestik, Mimik, Stellung von Personen)
- Welche Textpassage stellt das Bild dar?

Eine anschließende Diskussion kann klären, warum eine Kleingruppe sich für eine bestimmte Szene entschieden hat.

Szenen mit Biegepuppen oder Biblischen Erzählfiguren

Biegepuppen oder biblische Erzählfiguren gehören zum Wort- und bewegungslosen Spiel. Mithilfe dieser »Fremd-Körper« können Szenen gestellt und Gefühle zum Ausdruck gebracht werden, ohne sich persönlich einbringen zu müssen.

Biblische Erzählfiguren werden in Kursen selbst hergestellt (siehe auch S. 29 und S. 85). Biegepuppen erhält man bei unterschiedlichen Anbietern.

Godly Play

Das aus der Montessori-Tradition heraus entwickelte Konzept bringt Kindern auf kreative und lebendige Art biblische Geschichten nahe. Kinder können mithilfe der Materialien und Kunsttechniken kreativ auf das Gehörte und Erlebte reagieren.
Jerome Berryman, der »Erfinder« von Godly Play, beschreibt das Konzept wie folgt: Godly play möchte ein Weg der religiösen Bildung für Kinder (und Erwachsene) sein, mit dem Ziel, eine lebendige Beziehung zur bibischen

Botschaft aufzubauen. Dadurch soll man Gott begegnen und eine Richtung für sein Leben finden können. Räume werden in Spielräume (»Godly Play-Räume«) verwandelt, in denen speziell angefertigte, ästhetisch und handwerklich anspruchsvolle Materialien bereitgestellt werden.

Siehe hierzu die Website godlyplay.de

Spielen mit Bewegung: Stabfiguren und Schuhkartontheater

Kurzinformation: Stabfiguren sind Blickfänger in einem szenischen Spiel. Mit ihnen kann man die ersten Schritte in einem Spiel mit Bewegungen machen. Die Figuren können aus vergrößerten Kopien eines Kinderbibelbildes, aus Umrisszeichnungen einer Ausmalbibel oder selbst hergestellt werden (S. 74).

Eignung und Hinweise: Die Methode ist für Kinder und Jugendliche geeignet, die ein Problem damit haben, sich vor anderen zu zeigen. Stabfiguren haben den Vorteil, dass Spieler/innen ihr Gesicht dahinter verstecken können. Außerdem können auf die Rückseite der Stabfiguren Dialog- oder Erzähltexte angebracht werden – eine große Hilfe bei Textunsicherheiten.

Praxisbeispiele: *Formen von Stabfiguren*

- Für einfache Stabfiguren kann man festes Kartonpapier verwenden. Figuren (z.B. Strichzeichnungen, Bilder aus Kinderbibeln) werden auf dieses Kartonpapier kopiert und weiter gestaltet (beispielsweise angemalt oder mit Papier, Stoff o.ä. beklebt). Dann werden die Konturen ausgeschnitten.
  Hinter den Karton wird eine einfache, schmale Holzlatte aus dem Baumarkt geklebt, die eine ebene Fläche aufweisen muss. Je nach Größe der Stabfigur wird dann ein Stück der Latte abgesägt. Ein einfacher Flüssigkleber reicht, um die Holzlatte auf dem Karton zu fixieren. Es sollte genügend Platz bleiben, damit man die Figur halten kann. Für breitere Figuren können zur Stabilisierung Holzstäbchen (Spieße) verwendet werden (siehe das Foto oben).
- Andere Variante: Zuerst wird ein Kreuz aus einer längeren und einer kürzeren Holzleiste zusammengeklebt. Dieses Kreuz bildet den Korpus, der mit einem Stofftuch »angezogen« wird. Als Kopf kann eine Grafik auf Kartonpapier oder eine Styroporkugel dienen.

Für ein *Stäbchenfiguren- oder Schuhkartontheater* braucht man kleinere Figuren. Ein Holzspieß wird hinter die Kopie geklebt. Ein vorne und oben offener Schuhkarton bildet die Kulisse.

Praxisbeispiel: Vorlagen für Stabfiguren zu Mose
Zur Vertiefung der Mosegeschichte werden einzelne Passagen von einer vierten Klasse nachgespielt. Mithilfe von Gesichtern aus der »Kinderbibel zum Selbstgestalten« (siehe S. 51) fertigen die Kinder dazu Vorlagen an:

Anhand folgender Gesichter aus der »Kinderbibel zum Selbstgestalten« können weitere Erzählfiguren angefertigt werden:

Pantomime

Kurzinformation: Pantomime ist ein darstellendes Spiel mit Bewegung, aber ohne Worte. Dabei werden Gefühle und Handlungen durch Gestik und Mimik überzeichnet, sodass sie für die Zuschauer/innen leicht erkennbar sind.

Eignung und Hinweise: Die Methode ist für Kinder und Jugendliche geeignet, die keine Sprechrolle vortragen wollen. Für das Einüben von Pantomime kann man einen »gelernten« Clown engagieren oder sich von Übungsfilmen auf YouTube inspirieren lassen..

Praxisbeispiele:

Gehen	Man hebt deutlich die Füße und Arme für eine Gehbewegung.
Weinen	Man reibt sich die Augen, verzerrt das Gesicht und krümmt den Körper.
Lachen	Der Mund ist lachend geöffnet, die Arme sind weit gestreckt.
Angst	Das Gesicht ist angstverzerrt, die Hände sind schützend vor dem Körper.

Rollenspiele mit Sprech- und Statistenrollen

Kurzinformation: Rollenspiele setzen eine Bibelgeschichte mit Bewegung und Sprechrollen in Szene. Für ein Rollenspiel können konkrete Sprechrollen vorgegeben sein (beispielsweise über Rollenspielkarten, S. 76) oder selbst geschrieben werden. Beim Selbstschreiben muss zumindest klar sein, welche Personen mitspielen (siehe die Personenkarten, S. 76). Rollenspiele gibt es als

- Simulationsspiel: Der Ablauf eines Textes wird nachgespielt.
- Szenisches Spiel: Ein Vers oder eine Sequenz wird nachgespielt.
- Rollenspiel mit aktuellen Bezügen: Die Bibelgeschichte wird aktualisiert und in eine Szene von heute übertragen (z.B. Samariter als Ausländer).
- Bibeltheater: Umfangreiches Rollenspiel mit Requisiten, Hintergründen, Statisten und vielen Schauspielern.
- Krippenspiel: Umsetzung der Weihnachtsgeschichte mit klassischen Figuren, die oft stereotyp dargestellt werden.

Eignung und Hinweise: Diese Methoden sollen ganzheitlich den Text erschließen. Vorausgesetzt werden Körpererfahrung, Kenntnis des Textes, reflektierte Gruppenprozesse und ein Gefühl für die Wirkung des Dargestellten.

Die Methode ist zwar bereits im Grundschulalter einsetzbar, allerdings erst nach einer Vorbereitung durch Methoden wie Standbild, Pantomime, Spielen mit »Fremd-Körpern« oder Stabfiguren zu empfehlen.

Neben den klassischen Rollen sollten ein oder mehrere Erzähler/innen das Geschehen begleiten.

Praxisbeispiel: Personenkarten zu Lk 15,11ff (Der gütige Vater)

Erzähler/in	Erzähler/in
Vater	Sohn
Bruder	Gastwirt
Gasthausbesucher/in	Gasthausbesucher/in
Gasthausbesucher/in	Gasthausbesucher/in
Besitzer der Schweine	Diener/in

Praxisbeispiel: Rollenspielkarten mit Anweisungen (Zachäus, Lk 19)
Der Bibeltext (Voll- oder Kinderbibel) wird von allen gelesen und ist zur Hand. Nun müssen die Rollen verteilt werden. Dies kann mit Hilfe von Rollenspielkarten zufällig (Losverfahren) oder bewusst geschehen. Während man nur einen Zachäus und einen Jesus braucht, gibt es viele Leute in Jericho und natürlich die Jünger. Eine oder mehrere Personen können Erzähler/innen sein.

*Du spielst den **Zachäus.** Er steht in der Stadt und versucht, zu Jesus zu kommen. Was tut er? Wie reagiert er, als Jesus ihn anspricht? Was macht Zachäus in seinem Haus? Schreibe auf, was du sagst und tust.*

*Du spielst **Jesus.** Er sieht Zachäus auf dem Baum und sagt etwas zu ihm. Dann kommt er mit in sein Haus. Wie reagierst du auf das, was Zachäus sagt? Schreibe auf, was du sagst und tust.*

*Du spielst eine / einen der **Leute aus Jericho.** Die jubeln Jesus zu. Dann sehen sie, wie er mit Zachäus geht. Wie verhaltet ihr euch? Schreibe auf, was du sagst und tust. Sprecht unter den »Leuten« ab, wer wann was sagt.*

*Du spielst einen der **Jünger.** Die Jünger folgen Jesus und versuchen ihn zu schützen. Schreibe auf, was du sagst und tust. Sprecht euch unter den Jüngern ab, wer wann was sagt.*

*Suche dir eine **Rolle außerhalb** der im Text genannten Personen (z.B. ein Erzähler; die Frau des Zachäus; ein anderer Zöllner). Du sprichst mit Zachäus über den Besuch von Jesus und darüber, was geschah. Schreibe auf, was du sagst und tust.*

Praxisbeispiel: *Rollenspiel zu Zachäus mit selbst geschriebenen Texten*

Aber Jesus hat Zachäus verändert. Zachäus ruft die Menschen, die er betrogen hat, zu sich und gibt ihnen alles wieder.

Aus der Bemeroder Kinderbibel (CD 2003)

Schattentheater

Kurzbeschreibung:
Die Methode eignet sich sowohl als wort- und bewegungsloses Spiel, als Pantomime sowie als Rollenspiel. Man braucht eine große Leinwand (hier zusammengenäht) und eine Lichtquelle (Lampe, Strahler, Overheadprojektor etc.). Oder man spannt ein Leintuch über einen großen Bilderrahmen. Es wird mit dem Profil gearbeitet. Körperhaltungen können Freude und Trauer ausdrücken. Symbole werden durch diese Methode einen besonders hervorgehoben.

Praxisbeispiel:
Beim Erzählen der Weihnachtsgeschichte nach Matthäus werden die Symbole Stern (Bild) und Weise aus dem Morgenland, bei der Erzählung der Lukanischen Weihnachtsgeschichte werden die Krippe und die Hirten gezeigt.

Bibliodrama ...

... umschreibt eine erfahrungsorientierte, spielerisch-kreative Methode innerhalb eines biblischen Textraumes. Der Prozess des Bibliologs ist nicht auf ein Publikum ausgerichtet. Er dient zur persönlichen Auseinandersetzung bis zur Identifikation mit dem biblischen Geschehen und den handelnden Personen. Menschliche Erfahrungen sollen handelnd ergründet werden.
Das Ziel des Bibliologs ist die Förderung persönlicher Lebens- und Glaubensprozesse. So wird beim Bibliodrama nach der Botschaft des Textes für unser Leben heute gefragt.
Aufgabe der Leitung ist es, immer neu den Ausgleich zwischen drei Polen zu schaffen:

Bibeltext – Gruppe – Individuum

Bibliodrama gründet in unterschiedlichen Quellen: der kreativen Bibelarbeit, der Theaterpädagogik, dem themenzentrierten Theater (TZT) und der themenzentrierten Interaktion (TZI), der Gestalttherapie und dem Psychodrama.

Auf der Website des Verbandes für Bibliodrama beschreibt Andreas Pasquay den »zehnfachen Versuch einer Antwort« auf die Frage, was Bibliodrama sei:

- Gemeinsame Arbeit am biblischen Text mit »Herzen, Mund und Händen«.
- Lust und Freude an kreativen Formen, an Tanz, Spiel und Klang.
- Den »Text als Raum« entdecken, in dem Begegnung zwischen Glauben und Leben glaubhaft lebt.
- Den »Text als Grund« wahrnehmen, der einen geschützten Stand sichert und so ungewöhnliche Schritte ermöglicht.
- Eine Brücke zwischen eigener Biografie und der Textgeschichte finden.
- Biblische Bilder in Bewegung kommen lassen und ihnen bewegt begegnen.
- Alte Bilder neu malen und neue Gedanken in alten Formen wiederfinden.
- Mut zur Improvisation.
- Arbeit im geschützten Raum der Gruppe und in qualifizierter, kompetenter Begleitung.
- Bibelarbeit als Gottes-Dienst, als Gebet und als Ausdruck ihrer/seiner selbst vor Gott.

Weitere Informationen unter bibliodrama-gesellschaft.de/wp/

Jeux dramatiques

Wie das Bibliodrama setzt »Jeux dramatiques« einen Qualifikationskurs voraus und ist angebunden an eine feste Fortbildungsstruktur. Die »Arbeitsgemeinschaft Ausdrucksspiel« gibt es seit den 1970er Jahren.
»Jeux dramatiques« bezeichnet eine Spielform, die die »Möglichkeit in sich schließt, durch Bewegung und Gebärde persönliche Gefühle und Beobachtungen auszudrücken« – so eine Selbstbeschreibung.
Die Spielleiter/in liest begleitend einen Text. Es gibt keine Sprechrollen. Dadurch können sich die Spielenden ganz auf ihre Rolle konzentrieren, sie sollen Gefühle und Bedürfnisse mit dem Körper ausdrücken. Gewänder und Tücher werden für das Spiel angeboten.

Weitere Hinweise unter arge-jeux-dramatiques.de

Singspiel und Musical

Kurzinformation: Wenn man ein ausführliches Rollenspiel oder Bibeltheater mit Liedern ergänzt, bekommt man ein Singspiel oder Musical (siehe »Bibel musizieren«, S. 69). Hier geht es nicht nur darum, sich vor anderen zu bewegen und zu sprechen, sondern man muss auch musikalisch etwas vortragen können.

Eignung und Hinweise: Bei entsprechender Übung sind Singspiele und Kindermusicals bereits im Grundschulalter möglich. Es gibt auch viele fertige Singspiele mit CD, die in unterschiedlicher Besetzung und musikalischer Begleitung aufgeführt werden können.

Praxisbeispiel: »Diese Erde ist dein Garten« (siehe S. 70). Einen guten Überblick über aktuelle Singspiele bietet die website: www.theologische-buchhandlung.de/kindermusical.htm.

Filmaufnahmen und Fotodokumentationen

Kurzinformation: Ein Rollenspiel, ein Bibeltheater oder ein Musical kann man auch dokumentieren. Dazu sollte ein Szenenplan (Drehbuch) angefertigt werden (siehe »Bibel im Film«, S. 103).

Eignung und Hinweise: Inzwischen haben bereits viele Grundschulkinder Erfahrung mit der Herstellung von Kurzvideos. Viele digitale Kleinkameras oder Handys haben eine Foto- oder Videofunktion.

Praxisbeispiel: Siehe die Dokumentation zur Zachäusgeschichte (Klasse 3) der »Bemeroder Kinderbibel«, S. 77.

Bibel meditieren

Einführung

Meditative Lernwege bündeln die Konzentration auf einen Inhalt. Dies setzt eine entsprechende Grundhaltung und Ruhe voraus. Meditative Formen sind Schweigen (Stilleübungen), Hören (z.B. bei einer Phantasiereise), kreatives Gestalten (eines Bibelwortes), Beten (z.B. eines eigenen Gebets oder Psalms) und die gemeinsame Andacht (z.B. die Vorbereitung eines Gottesdienstes).

Meditative Lernwege mit der Bibel

Phantasiereise

Kurzinformation: Kinder können auf eine biblische Geschichte mithilfe einer Phantasiereise eingestimmt werden. Gerade im frühen Primarbereich haben sie noch wenig Wissen über die Zeit und Umwelt, in der die Geschichten spielen. Vor der Phantasiereise sollte deshalb eine Unterrichtseinheit stehen, in der die Kinder in Zeit und Umwelt der Bibel eingeführt werden. Dabei wird zu beleuchten sein, wie ein Leben ohne die Annehmlichkeiten unserer Zivilisation aussieht:

- ein Leben ohne Strom (z.B. ohne Fernseher oder Kühlschrank)
- ein Leben ohne große Freizeit und ohne geregelte Schule
- ein Leben ausschließlich im Gemeinschaftsverband ohne eigenes Zimmer

Ein Beispiel für eine solche Phantasiereise in die Zeit Jesu findet sich in Reli-Bausteine primar, Jesus begegnen, S. 17–20.

Eignung und Hinweise: Für Kinder zwischen vier und acht Jahren.

Praxisbeispiel: Mit dem Zeitreisemobil in die Zeit Jesu

»Wir setzen uns ins Zeitreisemobil. Wir werfen den Motor an.« (Die Kinder machen einen startenden Motor nach).

»Wir schließen die Augen und machen unsere Zeitreise.« (Die Kinder machen ein summendes Geräusch).

Der/die Lehrer/in klatscht und sagt: *»Jetzt sind wir im alten Israel, in der Zeit von (Abraham, Mose, Jesus ...) angekommen. Wir steigen aus. Es riecht nach duftenden Kräutern. Wir spüren einen warmen Wind.«* (Man kann ein Glas mit mediterranen Kräutern öffnen und es herumreichen).

»Wir sehen Menschen. Sie haben weite Gewänder aus Wolle an und sitzen auf dem Boden. Sie erzählen sich eine Geschichte. Wir setzen uns dazu. Nun schlagen wir die Augen auf.« Die Kinder schlagen die Augen auf, und die biblische Geschichte wird nacherzählt.

Treffende Bibelworte: Arbeiten mit einer Bibelwortkartei

Kurzbeschreibung: Bibelworte können genau die Lebenssituation von Menschen treffen. Eine Sammlung von Bibelworten, besonders von Psalmworten, eignet sich, um miteinander über existentielle Erfahrungen ins Gespräch zu kommen. Die Lebenssituationen können sehr unterschiedlich sein: Angst und Mutlosigkeit, Klage und Wut, Freude und Trauer sowie die Suche nach Weisheit und Rat (siehe S. 82).

Eignung und Hinweise: Nach Ingo Baldermann oder Rainer Oberthür können bereits Grundschulkinder mit Psalmworten umgehen. Arbeiten kann man mit

- *Einzelworten*, z.B. wenn sich eine Gruppe mit einem Bibelwort auseinandersetzt und ihre Eindrücke miteinander vergleicht.
- *einer Bibelwortsammlung*, aus der man sich das Bibelwort aussucht, das einen am meisten trifft.

Impulse im Umgang mit Bibelworten können sein:

- Was könnte der Mensch, der das Bibelwort spricht, erlebt haben?
- Welche Erfahrung verbindest du mit dem Wort?
- Für welche Lebenssituation ist dieses Bibelwort geeignet?

Bei einer Sammlung von Bibelworten kann gefragt werden:

- Was ist für dich der eindrucksvollste Satz?
- Welcher der Sätze trifft dich derzeit am meisten?
- Sortiere die Bibelworte. Welches ist geeignet, wenn es einem gut geht?
- Welches ist für Situationen gedacht, in denen es einem nicht gut geht?

☺	☹

Kreativimpulse für die Arbeit mit Bibelworten:

- Sprecht ein Bibelwort unterschiedlich aus (z.B. drohend, sanft).
- Schreibt eine Geschichte rund um das Bibelwort.
- Stellt ein Standbild zum Bibelwort (siehe S. 71).
- Gestaltet ein Farbenbild zum Bibelwort (siehe S. 54).
- Vertont das Bibelwort (z.B. mit Orffinstrumenten, siehe S. 64).

Praxisbeispiel: Bibelwortkartei
In einem Textverarbeitungsprogramm kann man eine Tabelle anlegen und Bibelworte sammeln (z.B. die Kernworte der Lutherbibel).

Seid barmherzig, wie auch euer Vater barmherzig ist. Lk 6,36	Dient einander, ein jeder mit der Gabe, die er empfangen hat. 1. Petr 4,10
Was ihr einem von meinen geringsten Brüdern getan habt, das habt ihr mir getan. Mt 25,40	Lehre uns bedenken, dass wir sterben müssen, auf dass wir klug werden. Ps 90,12
Ihr seid das Salz der Erde. Mt 5,13	Alle eure Dinge lasst mit Liebe geschehen. 1. Kor 16,14
Lobe den Herrn, meine Seele, und vergiss nicht, was er dir Gutes getan hat. Ps 103,2	Wer sich des Armen erbarmt, der ehrt Gott. Spr 14,31
Es gibt in der Welt nichts, was uns von Gottes Liebe trennen kann. Röm 8,39	Der Herr schützt alle, die sich nicht helfen können. Ps 116,6
Der Herr behüte deinen Ausgang und Eingang. Ps 121,8	Meine Hilfe kommt vom Herrn, der Himmel und Erde gemacht hat. Ps 121,2
Wo zwei oder drei in meinem Namen versammelt sind, da bin ich mitten unter ihnen. Mt 18,20	Lernt Gutes tun. Trachtet nach Recht und helft den Unterdrückten. Jes 1,17
Gott ist mein Fels, meine Hilfe und mein Schutz, dass ich nicht falle. Ps 62,7	Des Menschen Herz erdenkt sich seinen Weg, aber der Herr allein lenkt seinen Schritt. Spr 16,9

Ausgewählte Bibelworte gibt es beispielsweise in der Psalmwortkartei von Rainer Oberthür oder auch in: ReliBausteine Bibel (S. 106 –112) mit Hinweisen zur kreativen Gestaltung.

Zudem gibt es eine umfangreiche Bibelwortkartei mit didaktischen Hinweisen wie damit kreativ gearbeitet werden kann: Michael Landgraf, Bibelwortkartei. Didaktische Hilfen zur Arbeit mit Bibelworten, Deutsche Bibelgesellschaft, Stuttgart 2025.

Treffende Bibelworte in Fest- und Übergangszeiten

Kurzbeschreibung: Manche Jugendliche und Erwachsene kommen häufig erst über Kasualien (Taufe, Konfirmation, Hochzeit und Beerdigung) mit der Bibel in Kontakt. An diesen Übergangsfesten, auch »Rites de Passage« genannt, spielen biblische Texte eine wesentliche Rolle.

Eignung und Hinweise: Die Methode eignet sich besonders für Jugendliche und Erwachsene, die einen Übergangsritus miterleben.

Praxisbeispiele

Taufe – Aufnahme in die Gemeinschaft
Wenn ein Mensch zur Welt kommt, wird er in die Gemeinschaft eingeführt. In den meisten christlichen Kirchen geschieht dies durch die Taufe.

Beliebte **Taufsprüche** sind: Ps 8,5; Ps 103,17f; Jes 43,1; Mt 28,18–20; Mk 1,9–11; Mk 16,16; Joh 3,5f; Röm 6,3f; Eph 4,5; 1. Joh 3,1.

Konfirmation – Erwachsen werden
Die Konfirmation gilt bei manchen Leuten noch als Feier, nach der man als »erwachsen« angesehen wird. Durch die Konfirmation wird man ein mündiges Mitglied der Kirchengemeinde.

Beliebte **Konfirmationssprüche** sind: 1. Mose 12,2; 5. Mose 4,29; 5. Mose 6,5; Ps 1,1–3; Ps 28,7; Ps 37,4f; Ps 46,2f; Ps 51,12; Ps 115,12; Jes 41,10; Mt 4,19; Mt 5,13f; Mt 5,16; Mt 7,7; Mk 9,23; Lk 11,28; Joh 8,12; Joh 15,5; Apg 5,29; Röm 8,31.

Hochzeit – Miteinander einen Bund eingehen
Ein wichtiger Übergang im Leben ist die Entscheidung, mit einem anderen Menschen zusammen zu leben und eine Familie zu gründen.

Beliebte **Trausprüche** sind: 1. Mose 1,27f; Rut 1,16f; Ps 5,12f; Ps 67,2; Ps 139,5; Spr 10,22; Pred 4,9f; Hld 8,6; Mi 6,8; Hag 2,5; Mt 19,4–6; 1. Kor 13,13; 2. Kor 13,11; Gal 6,2; Eph 4,2f; Phil 2,2; Kol 3,17; 1. Thess 5,8; 2. Tim 1,7; 1. Petr 4,10; 1. Joh 1,7; 1. Joh 4,16.

Beerdigung – Tod und Abschied
Die Bibel mahnt, dass alles endlich ist und seine »Zeit« hat. Sie sagt: Gott ist der Herr über Leben und Tod. Er hat es in der Hand, Menschen auch nach dem Sterben aus der Hand des Todes zu befreien. Trotz dieser Hoffnung ist der Tod für die Lebenden immer auch eine schlimme Erfahrung.

Häufig verwendete **Verse zur Beerdigung**: 1. Mose 3,19; 1. Mose 49,18; Hiob 19,25; Ps 8,5; Ps 31,6; Ps 39,13; Ps 90,1–3; Ps 91,11; Ps 103,1–4; Ps 103,15f; Ps 118,17; Ps 121,8; Jes 25,8; Jes 41,13; Jer 31,9; Mt 11,28f; Joh 5,24; Joh 8,51; Joh 11,25f; Röm 8,38f; 1. Kor 15,19f; 1. Petr 1,24f; Offb 22,12f.

Schreibmeditation

Kurzinformation: Eine Schreibmeditation kann auf vielfältige Weise umgesetzt werden. In einer Stillephase werden beispielsweise Gedanken zu einem Bibelwort aufgeschrieben.

Da viele biblische Geschichten spannungs- und konfliktreich sind, können sie im Erzählen oder Lesen durch eine meditative Phase unterbrochen werden. Die Hörer formulieren dann eine Fortsetzung der Geschichte.

Eignung und Hinweise: Im Grundschulalter kann man bereits Kinderbibeltexte vorlesen, unterbrechen und fragen: »Wie geht die Geschichte wohl weiter?« (zu Dilemmageschichten, siehe S. 44).

Praxisbeispiel: *Gedanken zu einem Bibelwort grafisch gestalten*
»Was ihr den geringsten unter meinen Brüdern getan habt, das habt ihr mir getan« (Mt 25,40). Grafische Umsetzung des Bibelwortes, siehe S. 43.

Praxisbeispiel: *Unterbrechen durch persönliche Einschätzung der Lage*
Der verlorene Sohn sitzt bei den Schweinen und überlegt, was er tun soll. Ich würde nun ...

Symbolmeditation

Kurzinformation: Zentrale Symbole einer biblischen Geschichte können als Grundlage für eine Meditation dienen. Vor der Erzählung wird ein gestaltetes Symbol in die Mitte gelegt. Erste Assoziationen werden gesammelt. Dann wird die Geschichte gelesen oder erzählt. Schließlich wird gefragt, welche Bedeutung das Symbol für die Geschichte und für uns selbst hat.

Eignung und Hinweise: Zentrale Symbole können bereits ab fünf Jahren eingesetzt werden. Dadurch wird ein Fokus der Geschichte erschlossen. Allerdings muss für eine ausführliche Symbolmeditation ein Grundverständnis für die Tiefendimension eines Symbols vorhanden sein (siehe auch »Erzählen mit Symbolen«, S. 34).

Praxisbeispiel: *Symbolmeditation Regenbogen / Noah*
Einstieg:
- Erzählt von einem Tag, an dem ihr einen Regenbogen gesehen habt.
- Was verbindet ihr mit einem Regenbogen?

Erzählung: Noah, die Sintflut und der Regenbogen.

Vertiefung:
- Der Regenbogen in der Geschichte bedeutet . . .
- Woran soll der Regenbogen uns heute erinnern?
- Gestaltet einen Regenbogen.

Arbeiten mit Biblischen Erzählfiguren

Kurzinformation: Biblische Erzählfiguren gehören zu den darstellenden (siehe S. 72) wie auch zu den meditativen Lernwegen. Sie können als »Fremdkörper« eingesetzt werden. Man kann mit ihrer Hilfe Emotionen darstellen, indem man mit dem biegsamen Körper der Erzählfigur eine Haltung formt, die dieser entspricht. Auch werden Erzählfiguren als dreidimensionales Meditationsbild eingesetzt. Folgendes Vorgehen ist möglich:

- Vorlesen oder Erzählen des Textes im Stuhlkreis.
- Analyse des Textes im Kreis oder in Kleingruppen: Wer kommt vor? Wo spielt das Ganze? Was ist uns wichtig?
- Gestaltphase: Welche Haltung nimmt die Erzählfigur ein?
- Kreative Phase: Wie kann ein gemeinsames Bodenbild gestellt werden?
- Vorstellung der Ergebnisse im Stuhlkreis.
- Gemeinsames Gebet / Impuls / Andacht.

Eignung und Hinweise: Mit Kindern, Jugendlichen und Erwachsenen kann gleichermaßen mit den Figuren gearbeitet werden. Für die Herstellung gibt es Kurse verschiedener Anbieter (siehe www.abf-ev.de).

Jesus predigt

Jesus nimmt an / segnet

Jesus betet

Jesus hat Angst (Gethsemane)

Schreiben von Psalmen und Gebeten zu biblischen Geschichten

Kurzinformation: Im Anschluss an eine Lektüre oder Erzählung können meditative Texte, Gebete oder Psalmen geschrieben werden. Bei der Formulierung sollten unterschiedliche Psalmengattungen bekannt sein (Psalmen, die Lob und Dank, Klage oder Zuversicht ausdrücken können).

Eignung und Hinweise: Bereits ab Klassenstufe 3 können Kinder, mit denen das Thema »Gebet« sowie »Psalmen« behandelt wurde, diese Methode umsetzen.

Praxisbeispiele:
Das Gebet wurde innerhalb der Unterrichtseinheit »Esau und Jakob« von einem Jungen (Klassenstufe 3) formuliert.

Zuvor wurde bereits das Thema »Gebet« mit der Lerngruppe behandelt. In der Unterrichtseinheit wurde auch über Streit in der eigenen Familie gesprochen.

Lieber Gott,
viel Streit gibt es auf der Welt.
So wie bei Esau und Jakob.
Lass sie sich wieder vertragen.
Auch bei mir in der Familie gibt
es manchmal Streit.
Hilf auch uns.
Danke, dass du Frieden machst.
Amen.

Du bist wie eine Ritter-
burg. Du bietest mir viel
Schutz. Du bist mein Hirte.
Du hütest Menschen
aus aller Welt. Du machst
mir Mut und gibst mir
Schutz ich lobe dich. Du
bist Tag und Nacht bei mir.

Der Psalm wurde innerhalb der Unterrichtseinheit »Gott« (Klassenstufe 3) von einem Mädchen geschrieben.

Zuvor wurde besprochen, welche Bilder und Beschreibungen von Gott sich in der Bibel finden.

Besondere Psalmen (Psalm 23; Psalm 46) wurden in Auszügen gelesen.

Dann wurde überlegt, was es bedeutet, wenn Gott beispielsweise »Hirte« oder »Burg« genannt wird.

Bibel meditieren, erschließen und auslegen

Kurzbeschreibung: Ein persönlicher Zugang zum Bibeltext kann über die Meditation und Klärung elementarer Erschließungsfragen erlangt werden. Damit verbunden ist oft eine Auslegung des Textes.

Eignung und Hinweise: Die Klärung einfacher Erschließungsfragen sind bereits in der Grundschule möglich. Eine intensive Auseinandersetzung muss allerdings in einer Gruppe geübt sein und ist erst im Erwachsenenalter möglich.

Erschließungsimpulse im Überblick

TEXTZUGANG
- Habe ich genügend Ruhe? Oder werde ich durch mein äußeres Umfeld oder innere Unruhe vom Nachdenken über den Text abgelenkt?
- Wann ist für mich der beste Zeitpunkt am Tag, um die Bibel zu lesen und darüber nachzudenken (morgens, mittags oder abends)?
- Habe ich genügend Hilfsmittel? (Studienbibel, Kommentar, Lexikon …)

TEXTBEZIEHUNG
- Wie geht es mir mit dem Text?
- Was löst er bei mir aus?
- Habe ich Verständnisprobleme?
- Welche Fragen habe ich an den Text?

TEXTINHALT
- Worum geht es in dem Text?
- Handelt er von einem Ereignis, einem Gespräch, einer Regel, oder ...?
- Um wen oder was geht es im Text?
- Lässt der Text für mich Fragen offen? Wenn ja, welche?

TEXTFORM
- Wie wird berichtet (spannend, bildhaft, persönlich oder distanziert …)?
- Welche Textform kann ich erkennen (Erzählung, Gedicht …)?

TEXTINTENTION
- Was will der Text (erzählen, belehren, erklären …)?
- Was ist die zentrale Aussage des Textes?
- Wird ein Grund sichtbar, warum der Text überliefert wurde?
- Zu welchem Verhalten will der Text anleiten?

»Schrittmethoden« zur persönlichen Erschließung von Bibeltexten

Bibeltexte sind Botschaften aus einer anderen und ursprünglich für eine andere Welt. Man muss sie daher zuerst einmal für sich verstehen. Dann gilt es zu ermitteln, wo sie zum Nachdenken anregen und Orientierung geben wollen. Je nachdem, welche Lernvoraussetzungen man antrifft (z.B. Schule oder ein Jugendkreis einer gebetsgeübten Gemeinschaft), können unterschiedliche Wege helfen, Texte meditativ zu erschließen. Drei Formen der »*Schrittmethoden*« werden nun kurz vorgestellt:

Drei Schritte-Methode

Diese Methode versteht die Auseinandersetzung mit dem Bibeltext als einen weiten Weg mit einem Ziel. Man muss auf den Text zugehen. Hat man ihn erreicht, verweilt man dabei. Mit den Erlebnissen geht man weiter über den Text hinaus.

Lesen = auf den Text zugehen
Verschaffe dir Ruhe und Zeit zum Lesen.
- Lies den Text mehrmals. Mache Lesepausen.
- Lies ihn so, dass du ihn anderen erzählen kannst.
- Formuliere Überschriften zum Text und notiere dir Stichpunkte.

Nachdenken = im Text bleiben
Stelle deine innere Antenne »auf Empfang« und frage dich:
- Was ist dir fremd – was vertraut?
- Wo fühlst du dich aufgehoben – wo irritiert dich etwas?
- Was sagt der Text über Gott und die Welt?
- Wo stellt dich der Text vor Entscheidungen?

Orientieren = über den Text hinausgehen
Überlege, wie der Text dich auf deinem weiteren Weg begleitet.
- Welche Hoffnung drückt der Text aus?
- Welche Rolle spielt diese Hoffnung für deine persönliche Zukunft oder die Zukunft der Welt?
- Bekommst du durch den Text Impulse für dein Handeln?

Siehe ReliBausteine Bibel, S. 55.

Sieben Schritte-Methode

Diese Methode bietet einen meditativ-betenden Zugang, der für Jugend- und Erwachsenenkreise im innerkirchlichen Umfeld gedacht ist, jedoch keine Bibelkenntnis voraussetzt. Sie wird auch »Lumko-Methode« genannt, nach einem Institut in Südafrika, wo sie entwickelt wurde.

1. Schritt: Wir laden den Herrn ein. Jemand aus der Gruppe spricht ein Gebet – frei oder vorformuliert.

2. Schritt: Wir lesen den Text. Der Leiter / die Leiterin gibt die Textstelle bekannt und bittet eine Person aus der Gruppe, den Text vorzulesen. Danach folgt eine kurze Zeit der Stille und Besinnung.

3. Schritt: Wir verweilen beim Text. Die Teilnehmer lesen laut vor, was ihnen bedeutsam erscheint. Nach jeder Äußerung gibt es eine Stillephase. Jeder soll für sich das Gehörte »einsickern« lassen. Dann wird der ganze Text noch einmal gelesen.

4. Schritt: Wir schweigen. Nach dem Vorlesen lädt die Leitungsperson zum Schweigen ein. Man meditiert das Gehörte.

5. Schritt: Wir teilen einander mit, was uns berührt hat. Hierbei kann man Beziehungen zwischen dem Bibelwort und den eigenen Erfahrungen oder dem Alltagsleben herstellen.

6. Schritt: Wir besprechen, was der Herr von uns will. Nun werden praktische Konsequenzen aus dem Erkannten gezogen und konkrete Aktionsvorschläge für den Alltag gemacht. Beim nächsten Treffen können sich die Teilnehmer austauschen, wie es ihnen mit der Umsetzung erging.

7. Schritt: Wir beten. Der Leiter lädt zum Gebet und zu einem Lied ein.

Hauskreis-Methode

In Hauskreisen übernimmt die gastgebende Familie die Leitungsrolle bei der Bibelarbeit. Dabei hat sich folgende Bibellesemethode entwickelt:

- **Sich einfinden:** Begrüßung und Austausch von persönlichen Erlebnissen.
- **Eröffnung des Abends:** durch ein **Lied oder Gebet**.
- Hinführung zum **Thema:** durch Erzählen eines Erlebnisses, ein treffendes Wort oder ein Bild.
- **Begegnung mit dem Text** durch mehrmaliges Lesen.
- **Fragen an die Teilnehmer:**
  Bezug zur Gefühlsebene: Was gefällt dir am Text?
  Bezug zum Inhalt: Was ist deiner Meinung nach die zentrale Aussage des Textes? Welche Bedeutung haben Gestalten, Gegenstände oder Umgebung?
  Beurteilung (Reflexion): Wie beurteilst du den Text insgesamt? Lockerer Gedankenaustausch
- **Zusammenfassung** der wesentlichen Ergebnisse durch den Leiter.
- **Schlussfolgerungen** für den Alltag.
- **Gebet** zum Abschluss der Bibelarbeit.
- **Gemütlicher Teil**.

Andacht und Gottesdienst

Kurzinformation: Im Rahmen einer Liturgie werden miteinander biblische Texte meditiert. Gedanken einer Gruppe zu einem Bibeltext können als Grundlage für eine Andacht oder einen Gottesdienst dienen.

Eignung und Hinweise: Bereits mit Grundschülern können Elemente eines Gottesdienstes oder einer Andacht gestaltet werden (siehe hierzu Michael Landgraf: ReliBausteine primar, Kirche erkunden, S. 67–70.)

Praxisbeispiele: *Biblische Elemente einer Andacht / eines Gottesdienstes*
Psalmen findet man im Gesangbuch. Sie können im Wechsel (z.B. Vorbeter/Gemeinde) gesprochen werden.
Impulse zur Arbeit mit Psalmen:
- Welcher Psalm soll aus dem Gesangbuch gesprochen werden?
- Wie soll der Psalm im Wechsel gesprochen werden? (Beispiel: Die vorderen Zeilen lesen Frauen, die eingerückten lesen Männer).

Bibeltexte vorlesen: Im Gottesdienst werden Texte als Schriftlesung oder als Predigttext gelesen. Am Ende einer Lesung kann ein Wort stehen wie »Selig sind, die Gottes Wort hören und bewahren«.
Impulse zur Bibellese:
- Wie hält man eine Bibel in der Hand?
- Wie liest und betont man den Text richtig?

Bibeltext auslegen / predigen: Andere sollen den Bibeltext verstehen. Dazu wird im Gottesdienst eine Predigt gehalten. In ihr wird erklärt, was der Bibeltext meint und was er für uns heute zu sagen hat.
Impulse zur Auslegung bzw. zur Andacht oder zum Predigtteil:
- Was sagt euch der Bibeltext?
- Wie kann man anderen deutlich machen, worum es im Text geht?
- Schreibt eine Geschichte, findet eine Spielidee oder gestaltet etwas, das zeigt, wie man den Text verstehen kann.
- Ihr könnt ein Gespräch über den Bibeltext vor anderen halten – vielleicht als Talkshow mit Personen der Bibelgeschichte (siehe S. 38).
- Eine Gruppe kann eine »Predigt« schreiben.
  Impuls: Fasst zusammen, was der Bibeltext sagt, was er mit dem Leben und mit uns heute zu tun hat.

Das Vaterunser wird gemeinsam von allen Christen auf der Welt gebetet.
Impulse können sein:
- Wie betont man die einzelnen Verse des Vaterunsers?
- Gestaltet Bewegungen zum Vaterunser. Wenn ihr wollt, könnt ihr diese den anderen beibringen und im Gottesdienst damit beten.

Der Segen: Am Ende begleitet der Segen die Besucher des Gottesdienstes in den Alltag. Ein bekanntes Segenswort aus der Bibel ist der sogenannte Aaronitische Segen:
»Der Herr segne dich und behüte dich. Der Herr lasse sein Angesicht leuchten über dir und sei dir gnädig. Der Herr erhebe sein Angesicht auf dich und gebe dir Frieden. Amen« (4. Mose 6,24–26).
Impulse zum Segen:
- Welche Körperhaltung kann man beim Sprechen des Segenswortes einnehmen?
- Wie sollte man das Segenswort sprechen?

Hermeneutische Bilder zur Bibel meditieren

Kurzinformation: Biblische Geschichten werden nicht nur sachbezogen oder textnah abgebildet. Künstler wie Marc Chagall, Sieger Köder oder Thomas Zacharias haben eine Vielzahl von »hermeneutischen« Bibelbildern gestaltet. Darunter versteht man solche Bilder, die eine Tiefendimension in sich tragen (S. 48).

Eignung und Hinweise: Kinder müssen auf das Auslegen von Bildern vorbereitet sein (siehe hierzu S. 48). Dann kann bereits in der Grundschule mit hermeneutischen Bildern gearbeitet werden.
Leitfragen einer meditativen Erschließung:
- Was entdeckst du auf dem Bild?
- Wie wirkt das Bild auf dich?
- Was löst es bei dir aus?

Praxisbeispiele
- Vergleich der Bilder zu Pfingsten von Reinhard Herrmann und Sieger Köder (Abbildungen zum Vergleich in: Michael Landgraf: Kinderbibel damals – heute – morgen, S. 41). Während das Bild von Reinhard Herrmann für Kinder leicht zu erschließen ist, setzt Sieger Köders Interpretation des Pfingstereignisses voraus, dass Kinder die abgebildeten Vertreter der evangelischen, katholischen und orthodoxen Kirche unterscheiden können. Eine Hilfe für die Erschließung der Bilder von Sieger Köder ist die »Kinderbibel mit Bildern von Sieger Köder« (Katholisches Bibelwerk).
- Die Bilder von Marc Chagall werden bereits in der Grundschule eingesetzt. Eine Hilfe zur Erschließung ist die »Chagallbibel für Kinder« (Beatrix Moos).
- Thomas Zacharias' Bilder »Der gute Hirte« und »Emmaus« sind durch ihre Farbgestaltung und einfachen Linien bereits in der Grundschule erschließbar.

Bibel spielen

Einführung

Kinder, Jugendliche und Erwachsene sind gerne »spielend bei der Sache« (Hans Frör). Spiele erleichtern den Zugang, das Kennenlernen und das Vertiefen von Inhalten. Einfache Spiele sind Rätsel, komplexere sind klassische Brett- oder Kartenspiele sowie digitale Bibelspiele (siehe S. 100). Gespielt werden kann einzeln, mit einer Partnerin / einem Partner oder in Gruppen.

Spiele und Spielmethoden zur Bibel

Bibel-Brettspiele

Kurzinformation: Ein Spielbrett und Ereigniskarten führen in die Bibelgeschichte hinein. Man kann vorgefertigte Brettspiele kaufen oder selbst herstellen.

Eignung und Hinweise: Ab Klassenstufe 3 können solche Spiele zur Vorbereitung oder im Anschluss an eine Einheit mit bis zu vier Personen gespielt werden. Bereits im Grundschulalter können Kinder solche Spiele selbst herstellen.

Praxisbeispiel: *Bibel-Brettspiele*
Es gibt Spiele, die das Wissen über die Bibel fördern. Sie sind teils noch käuflich oder in religionspädagogischen Medienstellen ausleihbar. Dazu gehören das »Bibel-Entdecker-Spiel« (Ukjö), »Das große Quiz zur Bibel« (Uljö). Einen Überblick über verschiedene Bibelgeschichten des Alten und Neuen Testamen bietet »Bibel-Entdecker« (Uljö). Die Spiele »Mose« (Uljö) und »Manna« (Näther) beleuchten die Exodus-Geschichte, »Komm mit in Noahs Arche« (Uljö) die Noah-Geschichte und »Unterwegs mit Paulus« (Born) die Reisen des Apostels. »Die Siedler von Kanaan« setzt die Idee der »Siedler«-Brettspielreihe um.

Praxisbeispiel: *Bibel-Brettspiel selbst gemacht*
Spielfelder kann man mit dem Computer selbst herstellen. Kleine Punkte sind einfache Felder, große sind Ereignisfelder.

Aus einer Kinderbibel oder anderen Bildvorlagen können Bilder gescannt oder aufgeklebt werden. Das Spielbrett sollte auf DIN A3 kopiert und laminiert werden. Dazu werden Ereigniskarten hergestellt, die entweder Wissen abfragen oder die Spieler/innen zu einer Aktion auffordern.

Praxisbeispiel: Spielfeld zur Mose-Geschichte

Nach der Unterrichtseinheit »Mose« wird zur Wiederholung und Vertiefung das Spiel eingesetzt. Zur Herstellung des Spielfeldes wurden Basissymbole aus der »Kinderbibel zum Selbstgestalten« verwendet (S. 51). Auf einem Ereignisfeld können folgende Aufgaben und Fragen gestellt werden:

1. Mose ist gerettet und wird ein Prinz in Ägypten. *Was würdest du alles als Prinz tun?*	2. Du musst aus Ägypten fliehen. *Gehe ein Mal durch den Raum.*	3. Am Brunnen hilfst du den Mädchen gegen die Hirten. *Stelle dich hin und zeige deine Muskeln.*
4. Am brennenden Dornbusch stellt Gott sich Mose vor. *Gott sagte über sich …*	5. Du stehst vor dem Pharao. *Was würdest du nun sagen?*	6. Ägypten leidet den Plagen. *Was wäre für dich eine schlimme Plage?*
7. Gott schickt eine Wolken- und eine Feuersäule. *Was sollten diese bewirken?*	8. Die Israeliten ziehen durch das Schilfmeer. *Die Soldaten des Pharao aber …*	9. Die Israeliten sind gerettet. Mirjam singt ein Lied. *Welches Lied würdest du nun singen?*
10. Gott rettet die Israeliten in der Wüste. *Er schickt ihnen …*	11. Die Israeliten erhalten die Zehn Gebote. *Welches Gebot ist für dich besonders wichtig?*	12. Die Israeliten machen sich ein goldenes Kalb. *Der Grund war …*

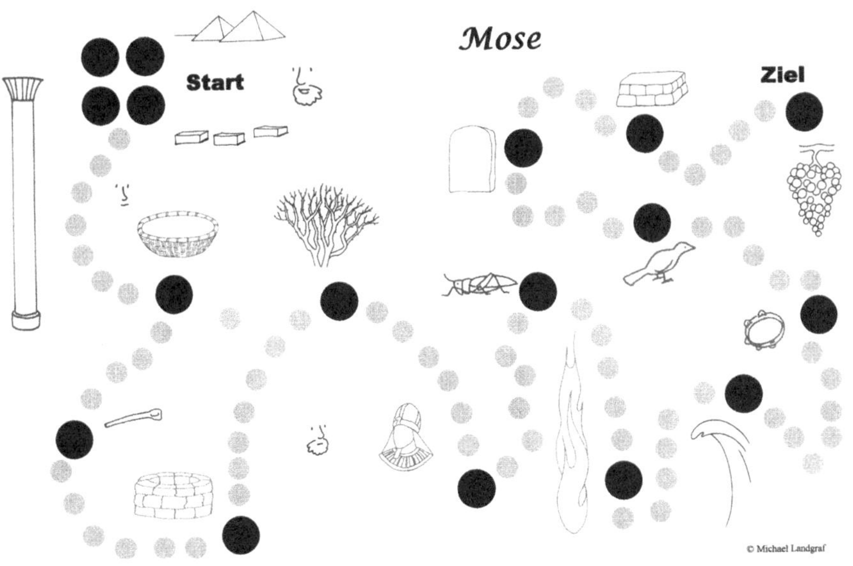

Bibelfußball

Kurzinformation: Ein Spielbrett wird mit zwei Toren und einem Weg aus Punkten hergestellt. Fragekarten mit Antworten und der Angabe der Bibelstelle werden beigelegt. Spielfeld und Fragekarten sollten laminiert werden.

Eignung und Hinweise: Die Methode ist geeignet, wenn Kinder einige Bibelgeschichten kennen (ab Ende der Grundschulzeit). Fragen zur Bibel werden verdeckt vorgelesen. Die gegnerische Mannschaft soll sie beantworten. Wenn sie es nicht kann, wandert der Ball in Richtung ihres Tores. Dann darf sie eine Frage stellen. Wenn ein Ball die Torlinie überschreitet, wird ein Tor gezählt und es geht wieder von der Mittellinie los. Fragekarten können selbst hergestellt werden. Das fertige Spiel findet sich in ReliBausteine Bibel, S. 49–52. »Verschärfte Bedingungen« gelten für die, die sich gut mit der Bibel auskennen (z.B. Pfarrer/innen oder Lehrer/innen) oder bei mehrfacher Wiederholung des Spiels. Dann wird auch nach dem Kapitel der Bibel gefragt.

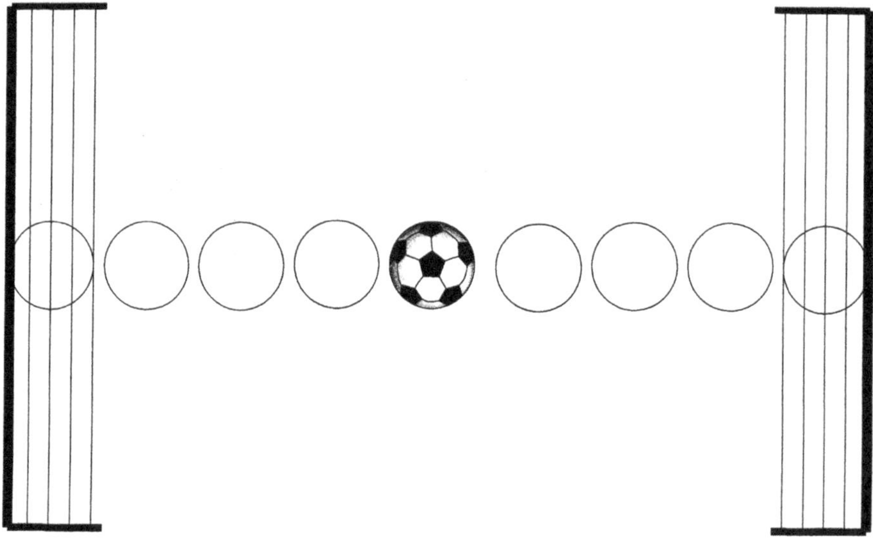

Spielstein für das Bibelfußballspiel ✂

Spielkarten

Der erste Satz der Bibel lautet: Am Anfang ...	In wie vielen Tagen soll Gott die Welt erschaffen haben?	Das Paradies heißt in der Bibel ...	Welche Früchte waren im Paradies verboten?
... schuf Gott Himmel und Erde	Sechs, am siebten ruhte er	Garten Eden	Vom Baum inmitten des Gartens, der Wissen über Gut und Böse verleiht
1. Mose 1	1. Mose 1–2	1. Mose 2	1. Mose 3

Biblische Multifunktionskarten

Kurzinformation: Multifunktionskarten mit Grundsymbolen oder den Gesichtern wichtiger Personen der Bibelgeschichte können zur Wiederholung in Form eines Memory- oder Verknüpfungsspiels eingesetzt werden.

- Für ein Memory-Spiel werden doppelte Kopien der Vorlagen gemacht. Kinder können Gesichter und Symbole weiter gestalten oder ausmalen. Die Quadrate werden ausgeschnitten und dienen nun als Memory-Karten. Die fertigen Bild-Karten kann man laminieren.
- Bei einem Verknüpfungsspiel erhält jeder mehrere Karten mit Symbolen zur Bibel. Einer deckt eine Karte auf und beginnt, die biblische Geschichte zu erzählen. Der Nächste legt eine Karte daneben und erzählt entweder damit die Geschichte weiter oder verknüpft sie mit einer anderen Bibelgeschichte, zu der die Karte passt. Dabei sollten die Verknüpfungspunkte genannt werden (z.B. »eine andere Geschichte aus der Zeit des Alten Testamentes«, »eine andere Jesusgeschichte«).

Eignung und Hinweise: Memory ist eine bereits im Vorschulalter bekannte Methode. Die Memory-Karten können selbst hergestellt werden, indem man Bilder einer Kinderbibel, mit der man arbeitet, verwendet.

Praxisbeispiel auf Grundlage der »Kinderbibel zum Selbstgestalten« (S. 51).

Bibel-Quartett

Kurzinformation: Spielkarten oder Quartette helfen, eine biblische Geschichte spielerisch kennenzulernen oder zu wiederholen. Bibelquartette gab es bereits vor 100 Jahren mit Bildern von Julius Schnorr von Carolsfeld.

Man kann auch ein Quartett selbst herstellen. Dazu wird zu einer jeweiligen Spielkarte ein Bild gezeichnet oder aus einer Kinderbibel kopiert.

Eignung und Hinweise: Fertige Bibelquartetts können bereits ab fünf Jahren eingesetzt werden (Uljö). Ab neun Jahren können Lernende selbst ein Quartett herstellen. Dazu werden 32 Karten benötigt.

Praxisbeispiel: Quartett zur Entstehung der Bibel

Entstehung der Bibel

Erlebnisse mit Gott
Geschichten werden weitererzählt
Die Bibel wird aufgeschrieben
Die Bibel wird gedruckt

Entstehung der Bibel

Erlebnisse mit Gott
Geschichten werden weitererzählt
Die Bibel wird aufgeschrieben
Die Bibel wird gedruckt

Das vollständige Quartet findet sich in: ReliBausteine Bibel, S. 118–119

Praxisbeispiel: Quartett-Karten zu Bibelgeschichten selbst gestalten
Die Motive aus der »Kinderbibel zum Selbstgestalten« können von den Kindern weitergestaltet werden. Hier ein Beispiel zur Jona-Geschichte.

Jona

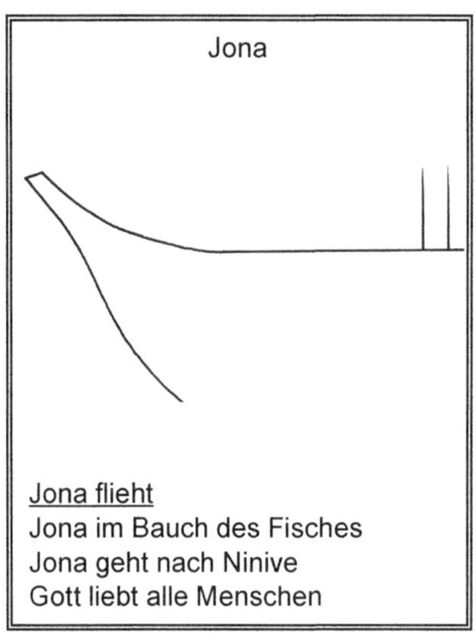

Jona flieht
Jona im Bauch des Fisches
Jona geht nach Ninive
Gott liebt alle Menschen

Jona

Jona flieht
Jona im Bauch des Fisches
Jona geht nach Ninive
Gott liebt alle Menschen

Bibelrätsel

Eine große Auswahl an **Rätselspielen** bietet die Sammlung von Brigitte E. Kochenburger (fünf Bände »Rätsel Religion«, Calwer Materialien).

Praxisbeispiel: Buchstabensalat zu Namen der Bibel
Anhand des Beispiels (Buchstabensalat) für die Klassenstufe 5 lassen sich biblische Namen entdecken:

1.	J	O	N	A	B	K	A	I	N	P	V	M
2.	E	W	O	I	O	Q	D	Z	C	A	R	A
3.	S	O	K	E	A	B	A	N	W	U	A	R
4.	U	T	G	H	S	E	M	T	H	L	M	I
5.	S	R	L	S	A	M	U	E	L	U	O	A
6.	P	E	T	R	U	S	E	V	A	S	S	L
7.	E	L	I	A	L	W	G	R	U	T	A	W

Lösung: Erste Zeile: Jona, Jesus, Boas, Kain, Adam, Paulus, Maria, Dritte Zeile: Amos; Vierte Zeile: Saul; Fünfte Zeile: Samuel; Sechste Zeile: Petrus, Eva; Siebte Zeile: Elia, Rut

Praxisbeispiel: Bibelsuppe
Spielerisch kann mit einer Aufgabe die Bibel erkundet werden. Das Beispiel zeigt die Zutaten für eine Bibelsuppe:

1. Schritt: Folgende Zutaten 1 ½ Stunden kochen:
   - Zwei Liter Joh 4,7
   - 2–3 Teelöffel Mt 5,13
   - Etwas vom Gewürz Mt 23,23
   - 250g Mt 22,4
   - 150g Lk 15,15
   - Vielleicht ein paar Klöße aus Hebr 4,12
2. Diese Zutaten später hinzufügen
   - 150g Lk 11,42 (beginnt mit G …)
   - 150g Lk 15,16 (was den Schweinen schmeckt)
3. Auch möglich hinzuzufügen:
   - In Maßen die letzte Zutat aus 4. Mose 11,5
   - Das zweite aus Mt 23,23

Andere Beispiele sind das Backen eines **Bibelkuchens** sowie das Pflanzen eines **Bibelgartens** (siehe hierzu: ReliBausteine Bibel, S. 27–28).

Praxisbeispiel: Bibel-Zuordnungsspiel zum Credo
Das »Apostolische Glaubensbekenntnis« fasst den Glauben der Christen zusammen. Jeder seiner Aussagen hat eine Grundlage in der Bibel. Schlage in der Bibel nach und trage die Nummer des entsprechenden Satzes aus dem Glaubensbekenntnis vor den Bibelvers ein.

1	Ich glaube an Gott, den Vater, den Allmächtigen,		**Lk 24,51**
2	den Schöpfer des Himmels und der Erde		**Joh 19,1**
3	Und an Jesus Christus, seinen eingeborenen Sohn, unsern Herrn.		**Mt 1,20–23**
4	Empfangen durch den heiligen Geist, geboren von der Jungfrau Maria,		**Eph 4,9**
5	gelitten unter Pontius Pilatus,		**Ps 89,27**
6	gekreuzigt, gestorben und begraben.		**Mk 15,24**
7	hinabgestiegen in das Reich des Todes, am dritten Tage auferstanden von den Toten,		**2. Tim 4,1**
8	aufgefahren in den Himmel, er sitzt zur Rechten Gottes, des allmächtigen Vaters,	**2**	**1. Mose 1,1**
9	von dort wird er kommen, zu richten die Lebenden und die Toten.		**Mt 6,14** **Röm 6,23**
10	Ich glaube an den Heiligen Geist, die heilige christliche Kirche,		**Apg 4,31**
11	Gemeinschaft der Heiligen,		**Eph 2,19**
12	Vergebung der Sünden,		**Joh 3,16**
13	Auferstehung der Toten und das ewige Leben. Amen.		**Apg 4,2**

Bibel digital

Einführung

Rund 18 Millionen Ergebnisse bietet die größte Internet-Suchmaschine 2017 beim Begriff »Bibel« an. Damit ist die Bibel nicht nur das am meisten verbreitete Buch (2017 in rund 2750 Sprachen übersetzt). Sie zählt auch zu den häufigsten Begriffen auf der Datenautobahn. Auf dem Markt der digitalen Medien ist eine Vielzahl von Angeboten zu finden. Für die digitale Arbeit mit der Bibel gibt es spezielle *Digitale Bibelausgaben – Informationssysteme zur Bibel – Digitale Bibelspiele.*

Digitale Bibelausgaben

Kurzinformation: Digitale Bibelausgaben bieten die Möglichkeit des schnellen Recherchierens (z.B. eines Begriffes) oder Erstellens eines Arbeitsblattes (S. 18–23). Die meisten Standardbibeln gibt es auf CD-ROM. Hilfreich ist die »Quadro-Bibel« mit der Lutherbibel 2017, der Einheitsübersetzung, der Gute Nachricht Bibel 2000, der Elberfelder und der Zürcher Bibel 2007.

Eignung und Hinweise: Zur Einführung in eine Vollbibel kann auf die Bibelausgaben im Internet hingewiesen werden:

Luther 2017	www.die-bibel.de/bibel/LU17
Gute Nachricht Bibel	www.die-bibel.de/bibel/GNB
Einheitsübersetzung	www.die-bibel.de/bibel/EUE
Menge-Bibel	www.die-bibel.de/bibel/MEB/
Basisbibel	www.die-bibel.de/bibel/EUE
Weitere deutsche Bibeln	www.bibelserver.com
Internationale Bibelausgaben	www.bibelserver.com
Luther 1545	www.bibel-online.net/buch/luther_1545_letzte_hand/
Luther 1912	www.die-bibel.de/bibel/LU12
Ursprachenausgaben	www.die-bibel.de/bibelwissenschaft
Lateinische Ausgabe	www.die-bibel.de/bibelwissenschaft
Septuaginta	www.die-bibel.de/bibelwissenschaft

Die ***Basisbibel*** (www.basisbibel.de) bietet eine Übersetzung für das digitale Zeitalter. Online kann man am Übersetzungsprozess teilhaben, indem man im »blog« (Abkürzung für »Weblog«, d.h. ein öffentlich einsehbares Tagebuch) Kommentare hinterlässt. Die Basisbibel bietet zusätzlich ein Informationssystem, bei dem kurze oder ausführliche Erklärungen, Bilder, Landkarten, Fotos und Filme hinterlegt sind. Ein Beispiel für die zeitgemäße Übersetzung: Traditionell wird übersetzt »Jesus predigte«. Da der Begriff »Prediger« heute für viele junge Menschen nicht gerade positiv besetzt ist, heißt es »Jesus redete zu bzw. mit den Menschen«.

Digitale Informationssysteme zur Bibel

Kurzinformation: Kommentare zur Bibel und kommentierte Bibelausgaben wie die »Stuttgarter Erklärungsbibel SEB 2023« (Lutherbibel) gibt es auf CD-ROM. Darüber hinaus findet sich im Internet eine Vielzahl von Informationsplattformen, die allerdings in ihrer Qualität und theologischen Sachlichkeit höchst unterschiedlich sind.

Eignung und Hinweise: Hintergründe der Bibel kann man gut über die Plattform die-bibel.de erschließen.

- Es werden aktuelle Nachrichten rund um die Bibel und Querverweise zu anderen Institutionen präsentiert.
- Die Unterseite »bibelwissenschaft« bietet Ursprachenausgaben, die Lexika wibilex (Wisseschaftliches Bibellexikon von fachkundigen Exegeten) und wirelex (Religionspädagogisches Lexikon mit Artikeln für den Unterricht) verbunden mit der Plattform »Bibel in der Schule« (ausgearbeitete Unterrichtsentwürfe), Artikel zu »Bibel in der Kunst« sowie einen Bibelkundekurs.

Darüber hinaus gibt es bei dem Online-Lexikon Wikipedia ein Portal zur Bibel, in dem Artikel unterschiedlicher Qualität hinterlegt sind.

Digitale Bibelspiele

Kurzinformation: Die Anwender von digitalen Bibelspielen werden immer jünger. Bereits viele Kinder im Grundschulalter spielen gerne und oft am Computer. Bibelspiele bieten die Möglichkeit, Spieltrieb und Lernen mit der Bibel zu verknüpfen.

Eignung und Hinweise: Spiele haben in der Regel Altersangaben, die jedoch überprüft werden müssen. Auch gibt es inzwischen kaum noch Bibelspiele, die gekauft werden können. Antiquarisch findet man noch Spiele wie:

- **Abenteuer Bibel – Neues Testament:** Interaktive Entdeckungsreise durch die Welt der Bibel.
- **Bibelfuchs 1 & 2:** Spiele, Puzzle, Quiz und Rätsel rund um die Bibel.
- **Das Grab des Mose:** Professor Fog auf der Suche nach dem Grab des Mose.
- **Geheimakte Jesus:** Abenteuer-Spiel zur Zeit des römischen Kaisers Tiberius.
- **Das Jesus-Pergament:** Ein Junge aus Kapernaum ein Schriftstück in die Hand, das er an einen Schreiber namens Markus weiterleiten soll.

Praxisbeispiel: Online-Spiele

Es gibt eine große Auswahl an Bibelspielen, die von Rainer Hollweger gestaltet wurden unter www.holweger.com/bibel-spiele/. Dazu gehören:

- **Arche-Typen:** Ewla und Malkut, zwei Ratten auf der Arche, führen in die Geschichte Noahs ein.
- **Jakobs Weg:** bietet eine Begegnung mit der Geschichte um die streitenden Brüder, um Betrug und Versöhnung.
- **Salomo-Quiz:** Spiel um den König Salomo – Weltmensch, Dichter, Friedensfürst und Baulöwe.
- **Psalter-Quiz:** In den Psalmen wird Gott gepriesen und gelobt, Menschen bitten ihn um Hilfe, aber sie klagen ihn auch an und verfluchen ihre Feinde. Eigene Erfahrungen können in den Psalmen wiederentdeckt werden.
- **Jona:** Spiel über den Propheten mit Begleitmaterial für den Unterricht .
- **Jesus fr@gen:** In diesem Spiel geht es um das Leben und die Person Jesu. War er wirklich Gottes Sohn? Wie war das mit den Heilungen?
- **Das P@ulus-Online-Spiel:** Weltreisender, Schriftgelehrter, Missionar, Häftling – der Apostel Paulus hat viele Facetten. Im Spiel kann er auf seinen Missionsreisen begleitet werden.
- **ProstMahlzeit:** Rezepte zur Bibel wie etwa gebratene Heuschrecken in süßem Honigdipp werden dargeboten.

Weitere Online-Bibelspiele:

- Ein Online-Bibelquiz findet man unter dasbibelquiz.de/ sowie unter jesus.ch/bibelquiz
- **Bibel-Glücksrad:** Auf Basis der Fernsehshow »Das Glücksrad« wurde dieses Spiel entwickelt (www.hillschmidt.de/bibelrad/).
- **»Wer wird Biblionär«:** Online-Spiel des Bibellesebundes nach der Vorlage »Wer wird Millionär«. Der Schwierigkeitsgrad der Fragen steigert sich allmählich (www.biblionaer.de).

Bibel im Film

Einführung

Durch die Erfindung des Buches wurde das Zeitalter des gedruckten Wortes eingeläutet. Seit der Erfindung des Films steht vieles im Zeichen visueller Medien. Bewegte Bilder werden leichter konsumiert und prägen das Bewusstsein. Wahrgenommen wird das, was man sieht. Gelernt wird leichter, wenn man etwas vor Augen hat.

In der Pädagogik, besonders in der Kommunikations- und Mediendidaktik, hat man sich daher zum Ziel gesetzt, Lernende in die Lage zu versetzen, ihr Bewusstsein im Umgang mit Filmen zu schärfen und sie genauer unter die Lupe zu nehmen. Durch den Einsatz von Filmen kann man Lernende:

- im Alltag abholen und sie mit »ihrem« Medium in Auseinandersetzung bringen, damit sie mit ihm verantwortungsvoll umgehen
- durch Beobachtungsaufgaben zu einem bewussten Sehen und Hören bewegen, also ihre Wahrnehmungsfähigkeit fördern
- motivieren, die biblischen Texte durch eine andere »Brille« wahrzunehmen und mit ihnen ins Gespräch zu kommen.

Einsatz von Bibelfilmen

Kurzinformation: Die Bibel war seit Anbeginn des Films eine seiner wichtigsten Quellen für Drehbücher. Besonders die Jesus-Geschichte oder der Auszug aus Ägypten sind oft verfilmte Themen.

Es gibt unzählige **Formen des Bibelfilms:**

- Dokumentarfilme (z.B. Jörg Zink: »Das Land, in dem Jesus lebte«)
- Szenische Dokumentarfilme (z.B. Reihe Terra X. Hier werden Spielfilmszenen eingebaut, die das Leben damals nachvollziehen lassen)
- Bibelspielfilme (z.B. Reihe: »Begegnung mit der Bibel«, S. 104)
- Historiengemälde (z.B. »Die Zehn Gebote« von 1956)
- Bibelcomic-Filme (z.B. »Codename Jesus«, S. 104)
- Politisierende Darstellungen und aktualisierende Übertragungen (z.B. »Jesus von Montreal«)
- Adaptionen mit biblischen Motiven (parodierend z.B. »Das Leben des Brian«; Science Fiction: Matrix).

Eignung und Hinweise: Es gibt Bibel-Filme, die bereits im Grundschulalter eingesetzt werden (z.B. Die große Kinderbibel-DVD, S. 104). Der Einsatz von Filmen ist jedoch für den Unterricht kaum zu empfehlen, wenn Kinder noch nicht in der Lage sind, einen Film zu analysieren (ab etwa Klassenstufe 5). Lernende sollten mit einem Analysebogen bzw. mit einer Drehbuchvorlage ausgerüstet sein.

Beobachtungsaufgaben für einen Bibelfilm

Kurzinformation: Beobachtungsaufgaben führen zu einem bewussten Wahrnehmen. Szenen sollen erfasst sowie die technische Umsetzung und die Einstellung des Verfassers ermittelt werden. Man kann besondere Sequenzen des Films untersuchen und mit anderen Bibelfilmen vergleichen.

Eignung und Hinweise: Besonders bei Jugendlichen ist diese Methode geeignet, um das Filmkonsumverhalten aufzubrechen. Allerdings ist dies nicht einfach. »Filme schauen« wird von Schüler/innen häufig mit »sich zurücklehnen und sich berieseln lassen« in Verbindung gebracht.

Praxisbeispiel: *Filmprotokoll*
Um einen Überblick zu bekommen, soll ein Filmprotokoll angefertigt werden, das Sequenzen, Szenen, Handlungen und beteiligte Personen analysiert.

Zeit	Szene/ Personen	Handlung/ Dialog	Bemerkung

Beobachtungsaufgaben können unterschiedliche Schwerpunkte haben:

Stilmittel oder Sprache des Films
- Beschreibe die Atmosphäre (Landschaftsszenen / Personenszenen)
- Wie sind die Kamerabewegungen und der Schnitt (schnell = Action/ langsam = meditativ)?
- Was und wie spielen und sprechen die Schauspieler?
- Welche Filmmusik wird verwendet?

Filmaussage
- Welches sind die Kernaussagen der Figuren?
- Welches Ziel hat der Film?

Im Blick auf den Bibeltext können Beobachtungsaufgaben sein:
- Lies den biblischen Text, der dem Film zugrundeliegt.
- Wie lautet die Hauptaussage des Bibeltextes, wie die des Films?
- Überträgt der Film die »Bibel pur« oder interpretiert er den Text?

Filme selbst drehen

Für die Arbeit an einer eigenen Filmproduktion braucht man ein Drehbuch zur biblischen Geschichte. Viele besitzen eine Videokamera. So findet man auch bei Jugendlichen geübte »Kameraleute«, die das Dargestellte dokumentieren können. Alternativ kann man:

- den Text so genau wie möglich nachspielen
- eine moderne Interpretation eines biblischen Themas umsetzen.

Am Bibeltext orientierte Filme

- **Die große Kinderbibel-DVD** mit Bildern von Rüdiger Pfeffer (Deutsche Bibelgesellschaft, antiquarisch).
- **Geschichten aus der Bibel für Kinder**, DVD mit Bildern von Marijke ten Cate (Deutsche Bibelgesellschaft).
- **Begegnung mit der Bibel**: 21 Filme mit je 15 Minuten Spielfilmszenen: Noah baut die Arche; Sara und Abraham; Josef wird von seinen Brüdern verkauft; Mose und Aaron; Exodus; Rut und Noomi; David und Goliat; Amos und der Priester; Jeremia und der König; »Nimm und lies« (Augustin); In der Sprache von morgen (Hieronymus); Auf der Suche nach einem König; Zwischen Sündern und Gerechten; Johannes der Täufer; Jesus vor Pilatus; Die Jünger auf dem Weg nach Emmaus; Saul und Hananias; Petrus und Paulus; Verstehst du auch, was du liest?; Die Botschaft nach Philadelphia; Freiheit zum Christsein (Ende der Christenverfolgung). Erschienen bei der Deutschen Bibelgesellschaft mit Begleitheften.
- **KirchMedia-Bibelfilme**: Gesamtprojekt von der Schöpfung bis zur Offenbarung. Auch wenn einzelne Passagen kritisch gesehen werden müssen und für die Grundschule ungeeignet sind, gelten die Filme als positives Beispiel einer Darstellung der Zeit und Umwelt der Bibel. Allerdings sind die Filme zu lang für den Unterricht (sie dauern mehr als zwei Stunden). Erschienen bei Kirch Media; im Buchhandel oder über bibeltv.de/mediathek/genres/bibelfilm erhältlich.

Filmische Interpretationen der biblischen Texte

- **Codename Jesus** ist eine Bibelcomic-Filmreihe. Sie spielt vor dem Hintergrund der Christenverfolgungen im alten Rom. Frühe Christen erzählen sich die Jesusgeschichten und die Geschichten des Alten Testamentes, um sich Mut zu machen.
- »**Die Zehn Gebote**« oder »**Die größte Geschichte aller Zeiten**« (Leben Jesu) sind Beispiele für Historienfilme, die ihre große Zeit in den 1950er und 1960er Jahren hatten. Diese Gattung bietet eine mit Stereotypen überzeichnete Interpretation von Bibeltexten.

- **Jesus Christ Superstar**, das Musical von Andrew Lloyd-Webber, ist eine sozialgeschichtliche Pop-Interpretation im Stil der 1960er Generation.
- **Die Passion Christi** von Mel Gibson gibt vor, nahe am historischen Geschehen zu sein. Dieses Historiendrama ist einer der umstrittensten Bibelfilme aller Zeiten. Er polarisiert aufgrund seiner Darstellung von Gewalt. In einer gemeinsamen Stellungnahme wenden sich Protestanten (EKD), Katholiken (Deutsche Bischofskonferenz) und Juden (Zentralrat der Juden) gegen diesen Film: »Mit dieser drastischen Darstellung verkürzt der Film die Botschaft der Bibel auf problematische Weise.«
- The Chosen (ab 2019) ist eine Fernsehserie, auf die man per App zugreifen kann. Das Leben Jesu wird in diesem Mehrteiler eng an den biblischen Texten und den historischen Hintergründen wiedergegeben und soll, so die Filmemacher, eine Alternative zu »Game of Thrones« darstellen.

Biblische Motive in Filmen

Manche Filme nehmen biblische Motive auf und deuten sie um. Diese können entschlüsselt werden, was allerdings keine leichte Aufgabe ist und Jugendliche zum Teil überfordert.

Praxisbeispiele:

- **Leben des Brian:** Biblische Bezüge: Parallele zur Geburt Jesu (Drei Könige mit Weihrauch, Myrrhe und Gold); Bergpredigt: Seligpreisungen mit Gleichnissen (hier: Wintersportindustrie); Steinigung; Wunder: Wacholderbusch in der Wüste. Brian tritt einem Mann auf den Fuß und er »kann wieder sprechen«; Messiasgeheimnis (Markusevangelium): Wie Brian hat auch Jesus nie ausdrücklich gesagt, dass er der Messias ist. Das Volk sagt zu Brian: »Segne uns, lege uns die Hand auf, Heiland!«; Die Leute nennen Jesus »Meister« (das heißt Rabbi); Brian und Judith – Jesus und Maria Magdalena?; Brians Mutter: Jungfrau; Festnahme: einem der Verurteilten wird die Freiheit geschenkt; Weg zur Kreuzigung: ein Mann hilft Jesus, sein Kreuz zu tragen); Kreuzigung.
- **Matrix:** Biblische Begriffe wie Zion und Nebukadnezar werden verwendet. Nebukadnezar, der Zerstörer Jerusalems, wird zum Transportmittel derjenigen, die Zion (sprich Jerusalem) retten wollen. Weitere biblische Motive: das Motiv des »Auserwählten« (Messias), Jünger, »Trinity« (als Person), Auferstehung des Auserwählten, Agenten als Widersacher des Auserwählten (Dämonen), Cypher als Judas, Morpheus als Johannes der Täufer (siehe ReliBausteine Jesus Christus, S. 133).
- **König der Löwen / Narnia:** Das zentrale biblische Motiv der Geschichte ist die Überwindung des Bösen durch einen Retter, der sich opfert. Damit wird versucht, die Kreuzestheologie begreifbar zu machen.

Bibel vor Ort begegnen

Einführung

Lernorte zur Bibel haben eine lange Tradition. Seit dem Mittelalter werden Kirchen mit Wandgemälden, Skulpturen und bebilderten Fenstern zur Bibel ausgestaltet. Die Menschen können so biblische Geschichten besser erfassen. Auch heute noch haben Motive aus der Bibel eine wichtige Bedeutung in der Gestaltung von Kirchen. Aber sie tauchen auch im Stadtbild auf (Beispiel: der Paradiesbrunnen in Neustadt/Weinstraße). Besondere außerschulische Lernorte sind die Bibelzentren, die in Deutschland weit verbreitet sind und pädagogisch ausgerichtete Ausstellungen bieten.

Die Bibel im Stadtbild

Kurzbeschreibung: Im Stadtbild gibt es häufig biblische Motive, die es zu entdecken gilt. Sie finden sich als Skulpturen oder Figuren, als Kreuzwegstationen oder als Bibelsprüche an Häusern.

Eignung und Hinweise: Für Jugendliche und Erwachsene ist es spannend, die eigene Umwelt zu erkunden. Besonders in alten Ortskernen finden sich an Häusern biblische Motive.

Die Bibel in Kirchen

An und in den Kirchen gibt es biblische Bilder und Sprüche. Auch der Besuch eines Gottesdienstes wird zu einer Begegnung mit der Bibel. Schon in den ersten Klassenstufen sind in vielen Lehrplänen Kirchenerkundungen vorgesehen. Für Jugendliche und Erwachsene ist dies eine Übung, die eigene Umwelt zu erkunden.

Impulse hierbei können sein:
☞ Erkenne, wo in der Kirche überall Bibeln liegen.
☞ Wo ist in der Kirche ein Hinweis auf die Bibel zu finden (Spruch, Bild)?
☞ Welche Rolle spielen biblische Texte im Gottesdienst?

In Gesangbüchern ist der Gottesdienstablauf der jeweiligen Landeskirche, der regional sehr unterschiedlich sein kann, abgedruckt.

Bibelzentren und Bibelmuseen

Kurzbeschreibung: Ob auf einer Museumsmeile wie in Frankfurt oder Wien, an touristischen Orten wie Barth, Meersburg, Neustadt/Weinstraße oder Schleswig, oder in Stadtzentren wie Stuttgart, Dortmund, Wuppertal und Nürnberg: Überall im deutschsprachigen Raum gibt es Bibelzentren. Dort wird der Weg der Bibel von den Anfängen bis zur Gegenwart dargestellt und dazu eingeladen, die Welt der Bibel hautnah zu erkunden. Konzipiert als Erlebnisausstellung gibt es biblische Geschichte und Geschichten zum Nachspüren, Ausprobieren, Miterleben und Begreifen. Neben einem eher kulturgeschichtlich ausgestalteten Programm bieten Bibelzentren auch Möglichkeiten, sich aktiv und spielerisch mit der Bibel auseinanderzusetzen.

Eignung und Hinweise: Viele Bibelzentren bieten ein Programm bereits für Kinder im Vorschulalter, andere sind auf ältere Kinder und Jugendliche ausgerichtet, sodass man jeweils nach dem Angebot fragen muss (Kontakt S. 108).

Was kann man in Bibelzentren lernen?

- Die Bibel ist ein Teil unserer Kultur.
- Es gibt eine lange Geschichte der Übersetzung und Gestaltung der Bibel.
- Die Bibel hat einen Bezug zum Leben heute.
- Der Bibel kann man auf lebendige Weise begegnen.

Methodische Möglichkeiten in unterschiedlichen Bibelzentren:

Entdecken

- Alte und neue Bibelausgaben und Kinderbibeln
- Dokumentation zur Geschichte der Bibel
- Leben im alten Israel
- Meditieren biblischer Geschichten

Gestalten

- Schreiben (z.B. mit Federkiel, auf Wachstafeln oder Papyrus) ...
- Drucken (mit Gutenberg-Druckerpressen)
- Malen und Gestalten biblischer Motive

Spielen

- Brett- und Kartenspiele zur Bibel
- Computerspiele
- Rollenspiele oder Bibliodrama

ErlebnisBIBELmuseum Neustadt

Bibelmuseum, Bibelhaus, Bibelausstellung

Die Bibel vor Ort begegnen kann man vor allem in den Bibelmuseen, Bibelhäusern und Bibelausstellungen im deutschsprachigen Raum. Hierzu gibt es einen ausführlichen Artikel im Lexikon Wirelex (Michael Landgraf, Bibelmuseum/Bibelhaus, bibelwissenschaft.de/Stichwort 400036). Hier ein Überblick:

Barth/Ostsee Bibelzentrum Barth. Sundische Straße 52, 18356 Barth, www.bibelzentrum-barth.de.

Frankfurt a.M. Bibelhaus Erlebnis Museum Frankfurt a.M., Metzlerstraße 19; 60594 Frankfurt; www.bibelhaus-frankfurt.de.

Münster Bibelmuseum Münster. Pferdegasse 1, 48143 Münster, www.uni-muenster.de/Bibelmuseum.

Neustadt/Weinstraße Pfälzisches Erlebnis-Bibelmuseum. Stiftstraße 23, 67434 Neustadt/Weinstraße, www.bibelmuseum-pfalz.de.

Nürnberg Bibel Museum Bayern. Lorenzer Platz 10, 90402 Nürnberg, https://bibelmuseum.bayern.

Meersburg/Bodensee Bibelgalerie Meersburg – Erlebnismuseum Bodensee. Kirchstraße 4, 88709 Meersburg, www.bibelgalerie.de.

Stuttgart bibliorama – das bibelmuseum stuttgart. Büchsenstraße 37, 70174 Stuttgart, www.bibelmuseum-stuttgart.de.

Weitere Bibelausstellungen und Lernorte zur Bibel

Berlin Bibellabor Berlin. Kranoldstraße 16, 12051 Berlin-Neukölln, canstein-berlin.de/bibellabor.

Dortmund Werkstatt Bibel Dortmund. Olpe 35, 44135 Dortmund, www.werkstatt-bibel.de.

Dresden Bibelhaus Dresden mit Erlebnisausstellung. Kretschmerstraße 19, 01309 Dresden, www.saechsisches-bibelhaus.de.

Eisenach Bibelcafé Lutherhaus. Lutherplatz 8, 99817 Eisenach.

Erfurt Ausstellung Bibel – Kloster – Luther Erfurt. Augustinerstraße 10, 99084 Erfurt, www.augustinerkloster.de.

Halle Canstein Bibelzentrum Halle. Franckeplatz 1, Haus 24, 06110 Halle/Saale, www.canstein-halle.de.

Rietberg Bibeldorf Rietberg. Umwelt der Bibel auf 22000 m2. Jerusalemer Straße 2, D-33397 Rietberg (NRW), www.bibeldorf.de.

Schleswig Bibelzentrum Schleswig. Am St. Johanniskloster 4, 24837 Schleswig, www.bibelzentrum-schleswig.de.

Schwerin Bibelinfocenter Schwerin. Apothekerstraße 48, 19055 Schwerin, www.bibelgesellschaft-mecklenburgische.de.

Wörlitz Bibelturm Wörlitz im Park. Kirchgasse 34, 06786 Wörlitz, www.landeskirche-anhalts.de/projekte/bibelturm.

Wuppertal Bibelzentrum Rheinland. Evangelisches Bibelwerk. Rudolfstraße 135, 42285 Wuppertal, www.bibelwerkrheinland.de.

Wien (A) Bibelzentrum beim Museumsquartier Wien. Breite Gasse 4–8/1, A-1070 Wien, www.bibelgesellschaft.at.

Anhang

Überblick über aktuelle Bibelausgaben

Textnahe (»philologische«) Übersetzungen

(Leitsatz: **»So wörtlich wie möglich übersetzt«**)

- Elberfelder (1871/ rev.1905/ rev.1985/ 2006 neu durchgesehen): Genaue, worttreue Wiedergabe des Urtextes, die daher nicht leicht lesbar ist (www.bibelserver.com: Rev. Text von 1985).
- Menge, Hermann (1926/ 1994): Philologisches Werk mit Bestreben zur Verständlichkeit. Die Übersetzung wird als Mitte zwischen Elberfelder und Luther eingestuft (www.die-bibel.de).
- Schlachter, Franz Eugen (1905/ rev. 2001): Genaue und kraftvolle Wiedergabe des Urtextes (www.schlachterbibel.de/de/bibel/).
- Münchener Neues Testament (2020, 12. Aufl.): Genaue Wiedergabe der griechische Begriffe (bibel.github.io/MuenchenerNT).
- Buber, Martin / Rosenzweig, Franz (1929/ 1997): Die jüdische Übersetzung lässt in das hebräische Denken eintauchen. Sie bietet, wie der Urtext, keine Verszählung und eine Übersetzung der hebräischen Gottesnamen.

Mittelweg (Leitsatz: **»So nah am Urtext und so verständlich wie möglich«**)

- Luther 2017: Evangelische Standardbibel, nahe am Urtext (»ad fontes« d.h. »zurück zu den Quellen«) und nahe an der Sprache der Menschen (»Man muss den Leuten aufs Maul schauen«). Kernstellen werden hervorgehoben und Fußnoten weisen auf Übersetzungsprobleme hin. Die Revision 2017 achtete auf Veränderungen der hebräischen und griechischen Textquellen sowie auf die Sprache der Lutherbibel 1545.
- Luther 1545: Die letzte von Luther selbst herausgegebene Bibelausgabe war Standardbibel bis 1892.
- Luther 1912: mit Korrekturen bei offensichtlichen Fehlübersetzungen. Sie ist heute noch bei Russlanddeutschen beliebt (www.bibel-online.net).
- Einheitsübersetzung (2016): Die Katholische Standardbibel ist an Urtextausgaben und an der Vulgata orientiert, mit gehobener Sprache, wobei teils auch kommunikativ übersetzt wurde (www.bibelwerk.de)
- Zürcher Bibel (1529/ 1931/ rev. 2007): Standardausgabe reformierter Gemeinden in der Schweiz. Gehobener Stil, genau und kraftvoll (www.die-bibel.de).

Kommentierende Sonderausgaben der Standardbibeln

- Luther bzw. Gute Nachricht *für dich*: Standardausgabe mit 90 Farbseiten zur Einführung in biblische Schriften. Dazu gibt es eine Arbeitshilfe mit Kopiervorlagen für Schule und Gemeinde.

- Stuttgarter Erklärungsbibel: Lutherbibel mit Kommentaren und Erklärungen.
- Neue Jerusalemer Bibel: Einheitsübersetzung mit Kommentaren.

Verständnisorientierte (»kommunikative«) Übersetzungen
(Leitsatz: **»So verständlich wie möglich«**):

- Gute Nachricht (2018): Einzige ökumenische Übersetzung, übertragen in modernes, verständliches Deutsch. Da auch Erläuterungen in die Übersetzung eingebaut sind, ist der Text umfangreicher (www.die-bibel.de).
- Zink, Jörg (1998 Auswahl AT, NT vollständig): Wortreich umschreibende, meditative Übersetzung.
- Hoffnung für alle (Rev. 2015): Deutende Übetragung, orientiert an der US-amerikanischen »Living Bible« (Kenneth Taylor; www.bibelserver.com).
- Neues Leben. Die Bibel (2005): Übersetzung, die theologische Schlüsselbegriffe wie Sünde, Gnade oder Worte wie »Statthalter« beibehält. Basis: »New Living Translation« (www.bibleserver.com).
- Neue Genfer Übersetzung (NT, Psalmen und Sprüche 2015): Einfache Sprache, meist kommunikativ übersetzt (www.die-bibel.de).
- BasisBibel (2019): Am Sprachgefühl der Computergeneration orientiert. Schwierige Begriffe werden vermieden. Zusätzlich werden ein interaktives Informationssystem und eine Online-Community geboten (www.basisbibel.de).

Übersetzungen mit besonderen Schwerpunkten

- Berger-Nord (1999, NT und frühchristliche Schriften): Übersetzung, die im Kanon nicht aufgenommene frühchristliche Schriften enthält. Die biblischen Bücher werden nach der vermuteten Entstehungszeit geordnet.
- Bibel in gerechter Sprache (2006; www.bibel-in-gerechter-sprache.de): 40 Übersetzer/innen prägen den Charakter der Bücher unterschiedlich (z.B. verschiedene, auch weibliche Gottesnamen, Frauen werden immer »mitgedacht« und antijudaistische Tendenzen entschärft).

Freie Übertragung in die Volkssprache

- Volxbibel (aktuelle Ausgabe 2023): Provozierende Übertragung in die Alltagssprache und Deutung biblischer Texte für heute (siehe S. 45, lesen.volxbibel.de).
- Mundartbibeln: Übertragung oder Übersetzung der Bibel in die Mundart (z.B. Pälzisch, Plattdütsch, Schwäbisch, Schwitzerdütsch; Überblick unter www.bibel-gesangbuch.de/mundart.html). Es gibt freie Übertragungen, aber auch urtextnahe Übersetzungen. Ziel ernst gemeinter Projekte ist es, Menschen bei ihrem Sprachempfinden abzuholen und ihnen eine Brücke zur Standardbibel zu ermöglichen.

Überblick über aktuelle Kinderbibeln

Die Auswahl basiert auf einer Umfrage unter Fachleuten aus Kinderkirche und Schule (in: Michael Landgraf, Kinderbibel damals – heute – morgen, Neustadt/Weinstraße 2009) sowie auf dem Heft »Empfehlenswerte Kinderbibeln« (Eliport 2024) und wurde durc Neuerscheinungen erweitert.

Erste Kinderbibeln (Vorlese- und Erstlesebibeln bis 8 Jahre)

- **Das große Bibel-Bilderbuch** (Hellmut Haug/Kees de Kort) bringt elementar zentrale Aussagen für Erstleser/innen auf den Punkt. Die Bilder sind »Klassiker«: Mit einfachen Farben und Flächen stehen die Menschen und ihre Beziehung zu Gott im Vordergrund. Verständnishilfen und Impulse für den Einsatz runden das Konzept ab.
- **Meine Kinderbibel** (Renate Schupp/Johanna Igjatovic) erzählt anschaulich mit viel direkter Rede nach – gut geeignet zum Vorlesen. Die großflächigen Bilder geben ausdrucksstark Stimmungen wieder. Eine kurze Rahmenerzählung bietet einen Brückenschlag zum Heute.
- Die **Neukirchener Vorlesebibel** (Irmgard Weth/Kees de Kort) präsentiert eine lebendige Nacherzählung zum Vorlesen. Überschriften heben die Namen biblischer Personen hervor. So wird deutlich: In der Bibel geht es um Menschen und ihre Begegnung mit Gott. Bekannte Bilder von Kees de Kort werden durch neue ergänzt. Zusätzliche Impulse geben Gebete.
- **Die große Bibel für Kinder** (Tanja Jeschke/Marijke ten Cate) bietet eine kindgemäße Erzählung sowie ausdrucksstarke, dynamische Bilder für Entdeckungen. Sie eignet sich als Vorlesebibel.
- **Die große Ravensburger Kinderbibel** (Ulises Wensell; Thomas Erne) bindet in die Erzählung Erklärungen mit ein. Ausdruckstarke Bilder eignen sich zum Vorlesen und bieten Überraschungen (Dinosaurier und Steinzeitmenschen in der Schöpfungsgeschichte).
- **Die Große Gabriel Kinderbibel** (Martin Polster/Rike Janßen) ist eine Vorlesebibel, nahe am Text nacherzählt und großflächig illustriert.
- **Die schönsten Bibelgeschichten** (Reinhard Abeln/Yvonne Hoppe-Engbring) ist ein Pappbuch für Kinderhände. Die Grafiken eignen sich für das Vorschulalter.
- **Die bunte Kinderbibel** (Karin Jeromin und Mathias Jeschke/Rüdiger Pfeffer) bieten Geschichten im Verbund mit Spielen, Liedern, Gebeten und Hilfen dar. Die knallbunten Illustrationen drücken Fröhlichkeit aus.
- Die **Kinderlesebibel** (Michael Landgraf/Susanne Göhlich) ist für Erstleser/innen gedacht. Die kindgemäßen Bilder stehen in Beziehung zum Text, der in einfacher Sprache nacherzählt. Ein Lexikon im Anhang erläutert schwere Wörter. Das »Werkbuch Kinderlesebibel« bietet Rahmenerzählungen und Arbeitsblätter für den Unterricht.

Kinderbibeln für das Lesealter (ab 8 Jahren)

- Die **Neukirchener Kinderbibel** (Irmgard Weth/Kees de Kort) erzählt anschaulich und theologisch verantwortlich nach. Die Bilder sind hier weniger dominant. Die gut (vor)lesbar zweispaltig gesetzte Kinderbibel bietet kursiv gedruckte Ein- und Überleitungstexte als Hilfen an.
- **Mit Gott unterwegs** (Regine Schindler/Stepan Zavrel) erzählt lebendig und erklärend nach. Die Illustrationen in warmen Farbtönen wirken stimmungsvoll. Die Autorin hat ein klares Ziel vor Augen: Gottes Weg mit den Menschen spürbar machen.
- **Unter Gottes weitem Himmel** (Christiane Herrlinger/Dieter Konsek) bietet einen kindgerechten Erzähltext und weitere Textgattungen (z.B. Psalmen, Offenbarung). Die Illustrationen stellen ausdrucksstark Szenen und Symbole dar. Gottes Gegenwart erscheint in hellem Licht. Hilfen bieten Hinweise zum Gebrauch des Buches im Kirchenjahr.
- Die **Kinderbibel** (Werner Laubi/Annegert Fuchshuber) ist spannend und anspruchsvoll nacherzählt. In die Erzählung sind Erklärungen verwoben. Unverwechselbare Bilder interpretieren den Text (Bergpredigt mit Martin Luther King und Mahatma Gandhi). Die Bibel setzt ein Interpretationsvermögen voraus und kann auch im Erwachsenenalter gelesen werden.
- **Die neue Erzählbibel** (Martina Steinkühler/Barbara Nascimbeni) erzählt sehr lebendig und ausführlich die Geschichten nach. Sie bietet viele Textgattungen und ein Lexikon. Die Illustrationen sind für Kleinkinder geeignet. Ziel ist, Erwachsene zum Erzählen der Geschichten zu motivieren.
- Die **Grundschul-Bibel** (Hg. Axel Wiemer/Liliane Oser) bietet ausführliche Nacherzählungen, viele Textgattungen und einen Anhang mit Worterklärungen und Karten. Neben den kindgemäßen Illustrationen gibt es noch hermeneutische Bilder, die gedeutet werden müssen.
- **Die große Kinderbibel für alle** (Christiane Herrlinger/Mathias Weber): enthält 18 biblische Geschichten von der erfahrenen Erzählerin Christiane Herrlinger nacherzählt und mit lebendigen Bildern von Mathias Weber umgesetzt.
- **Ich bin bei euch.** Die große Don Bosco Kinderbibel (Lene Mayer-Skumanz/Martina Spinková) ist eine sehr umfangreiche Bibel, in der Kinder viel entdecken können.
- **Die Bibel. Grafic Novel.** (Willeke Brouwer) spricht Kinder und Jugendlich an, die gerne Grafic Novels lesen. Die schwergewichtige Ausgabe enthält 50 Geschichten aus dem Alten und Neuen Testament.

Bibeln für ältere Kinder und Jugendliche (ab 10 Jahren)

- **Die Bibel elementar** (Michael Landgraf/Joachim Krause) erzählt in einfacher Sprache nach und fügt Zitate der Lutherbibel dazu, um Kinder und Jugendliche an den Standardtext heranzuführen. Erklärungen zum Text und zur Zeitgeschichte gibt es in Randspalten und auf Themenseiten. Lebendige Grafiken werden durch Sachkundefotos, Zeichnungen und Bilder aus der Kunst ergänzt.
- **Die Bibel für Kinder und alle im Haus** (Rainer Oberthür) erzählt verständlich, mit Nähe zur Einheitsübersetzung nach. Farblich abgehoben werden Erklärungen zum Text gegeben. Die Bilder aus der Kunst werden am Ende gedeutet. Oberthürs Ansatz, eine Brücke zur Bibel zu bauen, wird für ältere Kinder und Jugendliche eingelöst.
- Die **Neukirchener Erzählbibel** (Irmgard Weth/Kees de Kort), als Ergänzung zur Kinderbibel gedacht, bietet eine anschauliche aber anspruchsvolle Nacherzählung. Rahmenerzählungen und Kommentare am Ende helfen, auch mit schwierigen Texten umzugehen. Kees und Michiel de Kort ergänzen ihren ausdrucksvollen Bildzyklus.
- Die **Gütersloher Erzählbibel** (Kerstin Schiffner, Diana Klöpper/Juliana Heidenreich) hat als Grundlage eine anspruchsvolle, an einer »gerechten Sprache« orientierte Nacherzählung. Frauen kommen besonders zur Sprache. Selbst Gott wird weiblich benannt (Gott, meine Hirtin). Die bunten, dynamischen Bilder müssen teils erschlossen werden.
- Die **große Kinderbibel** (Karin Jeromin) bietet eine Textauswahl der Einheitsübersetzung mit Erklärungen der Autorin und Bildern, die einen Einstieg in die Welt der Bibel ermöglichen. Problematisch sind Bilder, die ein historisches Verständnis beispielsweise der Schöpfungsgeschichte nahelegen.
- Die **Elberfelder Kinderbibel** (Martina Merckel-Braun/Judith Arndt) erzählt sehr ausführlich und nahe am Urtext. Auch theologisch schwierige Begriffe werden zugemutet. Zielgruppe sind ältere Kinder im christlich sozialisierten Kontext. Die Illustrationen sind zwar anschaulich, doch wohl eher für jüngere Kinder gedacht.
- **Künstlerbibeln** wie die **Kinderbibel mit Bildern von Sieger Köder** und die **Chagallbibel für Kinder** (Beatrix Moos) helfen, mit den Bibelbildern der Künstler zu arbeiten und sie zu interpretieren.
- In dieser Altersgruppe sind **sachkundliche Bibelausgaben** sowie Sachbücher zur Bibel zu beachten. **Die Bibel. Texte und Informationen** (Dietrich Steinwede) und **Das Buch fürs Leben** (Herrmann-Josef Frisch) enthalten Erklärungen, Fotos, Sachzeichnungen und Bilder aus der Kunst. Sie bieten Hilfen für den Umgang mit der Vollbibel. In die Welt der Bibel führen Bücher wie **Entdecke die Welt der Bibel** (Silvia Gastaldi/Claire Musatti) oder **Die Bibel für Kinder entdeckt** (Beatrix Moos) ein.

Kriterien für eine gute Kinder- und Erzählbibel

Basiskriterium

☞ Hilft die Ausgabe, dass Lernende einen Zugang zur Bibel bekommen?

Ästhetische Kriterien

☞ Wie gerne hat man das Buch in der Hand? Wie ist die Aufmachung des Buches? (z.B. Wie viel Text ist auf einer Seite? Wie findet man sich zurecht?)

Auswahl der Geschichten

☞ Welche Geschichten wurden ausgewählt?

☞ Ist erkennbar, warum die Geschichten ausgewählt wurden? Ist die Vielfalt der Textgattungen der Bibel berücksichtigt?

Nähe oder Ferne der Erzählung zum Bibeltext

☞ Bringt der Kinderbibeltext den Bibeltext zur Sprache?

☞ Wird nahe am Bibeltext erzählt oder wird er ausgeschmückt, verändert, gedeutet (z.B. mit einer Moral versehen)?

Illustration einer Bibelausgabe

☞ Führen die Illustrationen vom Text weg oder zu ihm hin?

☞ Welche Illustrationsformen gibt es? (z.B. Textillustrationen, Sachillustrationen, Bilder der Kunst).

☞ Wie altersgemäß sind die Bilder?

☞ Wie sehr engt die Darstellung die Vorstellungskraft der Kinder ein?

☞ Wird symbolisches Denken durch die Illustration gefördert? (z.B. bei Gott)

Hilfen, Erklärungen und Erläuterung des Schwerpunktes

☞ Gibt es Bibelstellenhinweise (damit die Geschichten in der Bibel wiedergefunden werden), ein Vor- oder Nachwort (das das Vorgehen erklärt) sowie Begleittexte (Erklärungen, Kommentierungen zur Erläuterung schwieriger Sachverhalte)?

☞ Leidet der Erzähltext unter vielen Erklärungen?

☞ Wie orientiert sich ein Autor an den Bibelwissenschaften? Wie bringt er das Alte Testament zur Sprache?

☞ Wird die Genderfrage berücksichtigt?

Pädagogische Kriterien

☞ Werden die Geschichten altersgemäß, zu kindlich oder zu abgehoben vermittelt?

☞ Wird eine Beziehung zwischen der Alltagserfahrung damals und heute hergestellt?

☞ Was lernt das Kind durch den Text?

☞ Ist eine moralische Ausrichtung zu erkennen? Welches Gottes- und Menschenbild wird vermittelt?

Ausführlich in: Michael Landgraf, Kinderbibel damals – heute – morgen. Neustadt/ Weinstraße 2009.

Literatur und Hilfsmittel zur Arbeit mit der Bibel

Adam, Gottfried / Englert, Rudolf / Lachmann, Rainer / Mette, Norbert: Bibeldidaktik. Ein Lesebuch, Münster 2006.

Adam, Gottfried/ Lachmann, Rainer (Hg.): Methodisches Kompendium für den Religionsunterricht, Göttingen 2010 (5. Aufl.).

Adam, Gottfried / Lachmann, Rainer (Hg.): Methodisches Kompendium für den Religionsunterricht 2 – Aufbaukurs, Göttingen 2010 (3. Aufl.)

Baldermann, Ingo: Einführung in die Biblische Didaktik, Darmstadt 2014.

Baldermann, Ingo: Ich werde nicht sterben, sondern leben. Psalmen als Gebrauchstexte, Neukirchen-Vluyn 1994.

Berg, Horst Klaus: Freiarbeit im Religionsunterricht. Konzepte – Modelle – Praxis, Stuttgart/München 1997.

Berg, Horst Klaus: Grundriss der Bibeldidaktik. Konzepte – Modelle – Methoden, München/Stuttgart 2003 (3. Aufl.).

Berg, Sigrid: Biblische Bilder und Symbole erfahren. Ein Material- und Arbeitsbuch, München/Stuttgart 1996.

Berg, Sigrid: Kreative Bibelarbeit in Gruppen. 16 Vorschläge, München/Stuttgart 1991.

Betz, Otto / Grimm, Werner (Hg.): Calwer Bibellexikon, Stuttgart 2006.

Bücken, Eckart / Horn, Reinhard: Bibelhits, 100 Kinderlieder zum Alten und Neuen Testament (4 CDs und Liederbuch), Lippstadt 2003.

Bubmann, Peter / Landgraf, Michael (Hg.): Musik in Schule und Gemeinde, Stuttgart 2007.

Eckard, Irmintraut: Bibel kreativ. Eine Fundgrube für Gemeinde und Schule, Düsseldorf 2000.

Grethlein, Christian: Fachdidaktik Religion, Göttingen 2005.

Harz, Frieder: Biblische Erzählwerkstatt. Anregungen zum Erzählen und Gestalten von 11 biblischen Geschichten, Lahr 2001.

Hecht, Anneliese: Kreative Bibelarbeit. Methoden für Gruppen und Unterricht, Stuttgart 2015.

Heinemann, Horst: Kindern biblische Geschichten erzählen, Göttingen 2004.

Horn, Reinhard / Landgraf, Michael: ReliHits, Lippstadt 2014.

Jahnke, Michael (Hg.) Mein Bibellexikon, Marienheide/Stuttgart 2012.

Kegler, Jürgen: Kursbuch Bibel, Stuttgart 2009.

Landgraf, Michael: Altes Testament, Speyer/Stuttgart 2013.

Landgraf, Michael: Bibel, Speyer/Stuttgart 2013 (3. Aufl.).

Landgraf, Michael / Metzger, Paul: Bibel unterrichten, Stuttgart 2012.

Landgraf, Michael: Bibelwortkartei. Stuttgart 2022

Landgraf, Michael: Deutsche Bibeln. Speyer/Stuttgart 2023.

Landgraf, Michael (Hg.): Jesus Christus, Speyer/Stuttgart 2013.

Landgraf, Michael: Jesus begegnen, Speyer/Stuttgart 2020 (3. Aufl.).

Landgraf, Michael: Kinderbibel damals – heute – morgen. Zeitreise, Orientierungshilfe und Kreativimpulse, Neustadt 2009.

Merkel, Simone / Steinkühler, Martina / Tobaben, Anika: Wir Bibelentdecker, Leinfelden-Echterdingen 2016.
Müller, Peter: Schlüssel zur Bibel, Stuttgart 2009.
Neidhard, Walther: Erzählbuch zur Bibel I, Lahr/Zürich 1987.
Niehl, Franz Wendel: Bibel verstehen. Zugänge und Auslegungswege, München 2006.
Niehl, Franz Wendel / Thömmes, Arthur: 212 Methoden für den Religionsunterricht, München 1998.
Pohl-Patalong, Uta: Bibliolog (2 Bände), Stuttgart 2009.
Rendle, Ludwig: Ganzheitliche Methoden im Religionsunterricht, München 1996.
Rheinischer Verband für Kindergottesdienst (Hg.): Mit allen Sinnen. Ein Kreativbuch mit über 50 Methoden, Leinfelden-Echterdingen 2004.
Schambeck, Mirjam: Bibeltheologische Didaktik, Göttingen 2009.
Schilling, Klaus: Wege ganzheitlicher Bibelarbeit. Glauben erfahren mit Hand, Kopf und Herz, Stuttgart 1992.
Steinkühler, Martina: Bibelgeschichten sind Lebensgeschichten. Erzählen in Familie, Gemeinde und Schule, Göttingen 2011.
Steinwede, Dietrich: Die Bibel, Düsseldorf 2003.
Stier, Ekkehard: Bibelatlas elementar, Stuttgart 2012.
Theißen, Gerd: Zur Bibel motivieren. Aufgaben, Inhalte und Methoden einer offenen Bibeldidaktik, Gütersloh 2003.
Tschirch, Reinmar: Biblische Geschichten erzählen, Stuttgart 1997.
Vieweger, Dieter: Das Geheimnis des Tells, Gelsenkirchen 2011.
Westermann, Claus / Ahuis, Ferdinand / Wehnert, Jürgen: Calwer Bibelkunde, Stuttgart 2008 (15. Aufl.)
Zimmermann, Mirjam und Ruben (Hg.): Handbuch Bibeldidaktik, Tübingen 2013.
Zwickel, Wolfgang: Calwer Bibelatlas, Stuttgart 2000.
Zwickel, Wolfgang: Die Welt des Alten und Neuen Testaments, Stuttgart 1997.
Zwickel, Wolfgang: Leben und Arbeiten in biblischer Zeit, Stuttgart 2013.

Bibellesepläne findet man oft in Bibelausgaben. Sie können im Internet abgerufen oder selbst erstellt werden (vgl. ReliBausteine Bibel, S. 63–66).

Bibellexikon und **Konkordanz** bietet oft eine Vollbibel (z.B. im Anhang der Luther-Bibel). Für die Feinarbeit greift man auf ein ausführliches Bibellexikon (z.B. Calwer Bibellexikon) oder eins für Kinder und Jugendliche (Hg. Michael Jahnke: Mein Bibellexikon) zurück.

Bibelkurse gibt es unterschiedliche. Für **Einsteiger** ist der Kurs »Bibel kennen lernen«, der in zwölf Schritten einer Gruppe den Einstieg in die Bibel ermöglicht (Deutsche Bibelgesellschaft 2006).

Quellen- und Bildnachweis

S. 13: Foto Landgraf. – S. 15: Grafiken: Bibelmuseum Neustadt; rechts unten: Siku, Die Bibel (Manga-Bibel), © Egmont Verlagsgesellschaften mbH, Köln. – S. 28: Nacherzählung auf Grundlage einer Idee aus forum Religion 1/2002, 18. – S. 29: Bild Landgraf (Grafik aus Ghana). – S. 30: Foto Landgraf. – S. 32: Fotos Landgraf. – S. 33: Grafiken der CD-ROM »Gut platziert«, Bibellesebund und Born-Verlag, Kassel. – S. 34: Foto Landgraf. – S. 37: Fotos und Grafiken Landgraf. – S. 43: Grafik Evangelischer Presseverlag (Pfälzer Evangeliar). – S. 45: Text aus: Die Volxbibel 3.0 © 2010 Volxbibel Verlag im SCM-Verlag GmbH & Co.KG, Witten. – S. 46: Text Landgraf. – S. 47: Nick Page, Bibelblatt. Der Weltbestseller in Schlagzeilen, Echter Verlag, Würzburg, [5]2008, S. 114. – S. 50: Illustrationen von: Paula Jordan, Bibelmuseum Neustadt; Rüdiger Pfeffer, aus: Komm, mal mit mir 1/2, © 2000/2003 Deutsche Bibelgesellschaft, Stuttgart. – S. 53: Foto Landgraf. – S. 54: Bild Landgraf. – S. 55: Jeremia-Comic aus der Pfälzer Kinderbibel. – S. 56: Bibelcomicbuch »Jesus« (Jörg Jeske, Kirchengemeinde Flensburg). – S. 57: Fotos Jörg Jeske, Kirchengemeinde Flensburg. – S. 58: Foto szenisches Spiel: Landgraf; Foto Bravo-Bibel: Meike Dosda. – S. 59: Foto: Pfälzer Kinderbibel. – S. 60: Bibelmuseum Neustadt und Pfälzer Kinderbibel. – S. 62: Text: Sabrina Setlur, CD »S-Klasse«. – S. 72–73: Foto Landgraf. – S. 74: Grafiken auf Grundlage der »Kinderbibel zum Selbstgestalten«. – S. 77: Foto aus: »Bemeroder Kinderbibel«; Foto Schattentheater (© Landgraf). – S. 85: Fotos Landgraf. – S. 93: Spielgrafiken auf Grundlage der »Kinderbibel zum Selbstgestalten«. – S. 94: Spiel aus: Michael Landgraf, Bibel. Relibausteine 3, Speyer/Stuttgart 2006 (S. 49–52). – S. 96: Grafiken aus Kursbuch elementar 5/6, Stuttgart/Braunschweig 2003, S. 64. – S. 101 Screenshot EKD-Website Spiel »Jesus fr@gen«. – S. 107: Foto Landgraf.

Ursula Ulrike Kaiser, Ulrike Lenz, Evamaria Simon,
Martin Steinhäuser
Gott im Spiel – Handbuch für die Praxis
Godly Play weiterentwickelt
2. ergänzte Aufl. 2024, 301 S., br.
ISBN 978-3-7668-4458-3
Koproduktion mit der Evang. Verlagsanstalt und Don Bosco

Das Handbuch für die Praxis zum GOTT IM SPIEL-Ansatz erläutert das pädagogische Konzept anhand von Praxisbeispielen, Fotos und Übungen.
GOTT IM SPIEL ist die Weiterentwicklung des Godly Play-Ansatzes. Dieses innovative Konzept spiritueller Bildung wird in Kirchengemeinden, Kindergärten und Schulen erfolgreich eingesetzt. Es eröffnet Kindern einen geschützten Raum, in dem sie existentiellen Fragen ihres Lebens auf die Spur kommen können.
Das Handbuch für die Praxis folgt dem Ablauf einer GOTT IM SPIEL –Einheit (Bereit werden – Eine Geschichte erzählen und präsentieren – Ergründen – Die Spiel- und Kreativphase – Das Fest) und erläutert das pädagogische Konzept anhand von zahlreichen Praxisbeispiele, Fotos und Übungen sowie weiterführender Exkurse.
Mit GOTT IM SPIEL können Kinder die großen Fragen ihres Lebens erforschen und biblische Geschichten entdecken. Ergänzend erscheinen zwei Praxisbände: »Jesusgeschichten« sowie »Vertiefungsgeschichten zum Alten Testament«.

Henrike Frey-Anthes
Die Bibel erzählt
Biblische Geschichten im Unterricht einleiten – erzählen – weiterführen
Zwanzig niveaudifferenzierte Unterrichtsbausteine für die Sekundarstufe I
1. Aufl. 2024, 134 S. br., zahlreiche sw-Abbildungen
ISBN 978-3-7668-4611-2

Die Bibel bietet einen großartigen Schatz von Geschichten.
Der Band will dazu anregen, diesen Schatz im Unterricht lebendig werden zu lassen. Er ermutigt Lehrende, einen eigenen Erzählstil zu entwickeln, und unterstützt sie dabei, Erzählungen im Unterricht einzusetzen und mit ihnen weiterzuarbeiten.

Die Arbeitshilfe für die Sekundarstufe I umfasst:
- Hilfestellungen für das Entwickeln fester Erzählrituale und eines eigenen Erzählstils
- Zwanzig Bibelgeschichten, die entweder direkt im Unterricht eingesetzt werden können oder als Inspiration für eigene Geschichten dienen
- Ideen zum Unterrichtseinstieg
- Flexibel einsetzbare, niveaudifferenzierte Arbeitsblätter in Form von Kopiervorlagenfür die Weiterarbeit mit den Geschichten
- Fünf Audioaufnahmen von Erzählungen für den unmittelbaren Unterrichtseinsatz, wobei zwei über die im Band enthaltenen Erzählungen hinausgehen

Bibel-Bände der Reihen ReliBausteine primar und sekundar

Michael Landgraf
ReliBausteine »Bibel«
ISBN 978–3–7668–3922–5

Der Band bietet eine Einführung und Materialien für das Thema »Bibel als Buch«. An der Lebenswelt anknüpfend gibt es ein breit gefächertes Angebot für Entdeckungen rund um das Buch der Bücher. Wege der Orientierung und Kreativimpulse runden das Konzept ab und laden ein, sich intensiver mit der Bibel auseinanderzusetzen.

Michael Landgraf / Paul Metzger / Stefan Meißner
ReliBausteine »Jesus Christus«
ISBN 978–3–7668–4210–7

Der Band bietet eine Einführung in die Christologie. Die Materialien setzen sich mit der Person Jesu und den Vorstellungen über ihn auseinander. Biblische Quellen und die Interpretation von Jesus in der Kunst und Literatur sowie in Musik und Film ermöglichen eine Begegnung mit der Gestalt Jesu und deren Bedeutung.

Michael Landgraf
ReliBausteine primar: »Altes Testament«
ISBN 978–3–7668–4261–9

Die Geschichten von Abraham und Sara, Jakob und Esau, Josef und seinen Brüdern, Mose und Mirjam, Ruth, David und Jona werden elementar nacherzählt. Hinzu kommen Texte wie die Zehn Gebote und die Psalmen, die bereits früh erschlossen werden können. Die Grafiken ermutigen Kinder, selbst weiterzugestalten.

Michael Landgraf
ReliBausteine primar: »Jesus begegnen«
ISBN 978–3–7668–4191–9

Der Band ermöglicht eine Begegnung mit vielen Jesusgeschichten in der Grund- und Orientierungsstufe. Bibeltexte werden elementar nacherzählt und mit kindgerechten Grafiken verbunden. Es wird ausführlich in das Leben zur Zeit Jesu eingeführt. Auch werden Bezüge zum Kirchenjahr hergestellt.

Praxishandbuch Bibel für Studium, Schule und Gemeinde

Die Reihe »Praxishandbuch Bibel« ist für Ausbildung und Studium sowie für die Arbeit in Schule und Gemeinde gedacht. Sie bietet modular aufgebaute, klar strukturierte und praxisorientierte Impulse im Umgang mit der Bibel. Diese dienen der eigenen Orientierung und unterstützen die Arbeit in der Schule, der Hochschule und der Gemeinde.

Zusätzlich zum Band »Bibel kreativ erkunden« gibt es folgende Bände:

Paul Metzger / Markus Risch
Bibel auslegen
Exegese für Einsteiger
Format: 16 x 24 cm
Stuttgart 2010
ISBN 978–3–7668–4147–6

Der Band »Bibel auslegen – Exegese für Einsteiger« führt in die Grundlagen der Bibelauslegung ein und geht der Frage nach: Was muss ich alles wissen und können, um einen biblischen Text zu verstehen? Schritt für Schritt zeigt der Band, wie die Bibel heute erschlossen werden kann.

Aus dem Inhalt:
- Wie kann ich einen Text verstehen? (Hermeneutik)
- Wie entstand die Bibel? (Text und Kanon der Bibel)

Michael Landgraf / Paul Metzger
Bibel unterrichten
Basiswissen – Bibeldidaktische Grundfragen – Elementare Bibeltexte
Format: 16 x 24 cm
Stuttgart 2012
ISBN 978–3–7668–4180–3

Der Band »Bibel unterrichten« ist der bibeldidaktische Basisband der Reihe. Er leitet in Lernvoraussetzungen und gesellschaftliche Rahmenbedingungen ein, schafft einen Überblick über das Bibellernen in der Geschichte und über aktuelle bibeldidaktische Entwürfe. Durch eine Einführung in elementare Bibeltexte erhalten Lehrende das notwendige Basiswissen, um mit den biblischen Büchern umzugehen.

Aus dem Inhalt:
- Wer unterrichtet und wer wird unterrichtet?
  Ebene der Lehrenden und Lernenden.
- Warum unterrichten? Gründe für das Lernen mit der Bibel.
- Was? Inhalte, Kompetenzen und elementare Bibeltexte.

Praxishandbuch Bibel für Studium, Schule und Gemeinde

Die Reihe »Praxishandbuch Bibel« ist für Ausbildung und Studium sowie für die Arbeit in Schule und Gemeinde gedacht. Sie bietet modular aufgebaute, klar strukturierte und praxisorientierte Impulse im Umgang mit der Bibel. Diese dienen der eigenen Orientierung und unterstützen die Arbeit in der Schule, der Hochschule und der Gemeinde.

Michael Landgraf
Bibel kreativ erkunden
Lernwege für die Praxis
Format: 16 x 24 cm
2. aktual. Aufl. Stuttgart 2017
ISBN 978–3–7668–4147–6

Der Band »Bibel kreativ erkunden Lernwege für die Praxis« bietet einen Strauß von Methoden. Diese ermöglichen es, sich spannend, differenziert und nachhaltig mit der Bibel auseinanderzusetzen.

Aus dem Inhalt:
Bibel lesen, Bibel erzählen, Bibel ins Gespräch bringen, Bibelkreativ schreiben, Bibel ins Bild setzen, Bibel musizieren, Bibel in Szene setzen, Bibel meditieren, Bibel spielen, Bibel digital, Bibel im Film, Bibel vor Ort begegnen

Michael Landgraf / Paul Metzger
Bibel unterrichten
Basiswissen – Bibeldidaktische Grundfragen – Elementare Bibeltexte
Format: 16 x 24 cm
Stuttgart 2012
ISBN 978–3–7668–4180–3

Der Band »Bibel unterrichten« ist der bibeldidaktische Basisband der Reihe. Er leitet in Lernvoraussetzungen und gesellschaftliche Rahmenbedingungen ein, schafft einen Überblick über das Bibellernen in der Geschichte und über aktuelle bibeldidaktische Entwürfe. Durch eine Einführung in elementare Bibeltexte erhalten Lehrende das notwendige Basiswissen, um mit den biblischen Büchern umzugehen.

Aus dem Inhalt:
- Wer unterrichtet und wer wird unterrichtet?
  Ebene der Lehrenden und Lernenden.
- Warum unterrichten? Gründe für das Lernen mit der Bibel.
- Was? Inhalte, Kompetenzen und elementare Bibeltexte.
- Wie? Exegese und Kreativmethoden.